心計

人生中進進退退的遊戲

一個人會成功，12.5%來自知識，87.5%來自「做人做事」的方法。

成功的機會對於每一個人來說，都是均等的。
如果你不懂得做人做事的「精明」之道，你注定要以失敗收場。

李冰／著

前言

常言道：做人難，難做人。是的，做人是難，但為什麼有些人能做得好，有些人就做得不好？原因就在於做得好的人都懂得運用「心計」去做精明的人，而做人做得不好的，都是馬馬虎虎、不肯費心鑽研做人的人。

做人要有心計，這是一門做人的學問。我們生活的世界不是原始社會，也不是世外桃源，這就註定了你不能割斷與社會與他人的聯絡。所以如何做一個受人歡迎、受人尊敬且事業暢通、家庭和睦、朋友眾多的人，成為每一個人都必須思考的問題。

做事要有心計，不是讓你在做事過程中為達目的而不擇手段；不是讓你為了摘取成功桂冠而暗中「放箭」；更不是讓你為了出人頭地而不惜背地裏使「黑招」。所謂精明是做事時先下手為強的膽略，是行動前深謀遠慮的眼光；是讓「人情」更具殺傷力的手段；是借機會之力成就輝煌的氣魄；是你走向成功之路的巧言妙語……。

在如今越來越複雜的社會裏，要想更好地生存和發展，必須首先學會做人做事的道理。成功的機會對每一個人來說都是均等的，你不可能從這上面尋找差距，你唯一能勝過別人的就是你高人一等的做人做事的方式了。

如果你不懂得做人做事的「精明」之道，那麼你就會四處碰壁，達不到應有的效果，這不僅影響你人際關係的和諧程度，還影響自身事業的發展。如果你想避免這些本不該有的麻煩和挫折，就從現在開始學會精明的做人做事，這樣才能更好地享受生活的快樂，進而去尋找生命中的意義。

目錄

第二章 投資感情，收穫朋友

第三章 從言談中籠絡人心

第四章 先學處世，再做生意

做人做事要有分寸

「酸」與「裝酸」

酸，有自然屬性上的酸，有社會屬性上的酸。

前者是指物質的一種化學屬性，通常說的是在水溶液中進行電離而電離出氫離子的化合物，這就是酸。一般人們可以透過味覺、嗅覺辨別出來。這種物質自然屬性（甜酸苦辣）中的酸，並無好壞，有人喜愛，有人討厭。

社會屬性上的「酸」，則是指對人的品行和做人方式的一種評價，因此，如果將「酸」字用到一個人的身上，稱「這個人真酸」時，就純粹是一個貶詞了。古時候，人們習慣上將一些迂腐、寒酸的文人稱作「酸秀才」，在范成大的詩中，就有「洗淨書生氣味酸」的句子。

當然，「酸」這個字，不僅僅用到「酸秀才」的身上，當有些人的行為（或是做人方式）令他人感到不舒服、肉麻時，人們往往就將「酸」字與這個人連結在一起了。

於是，就有「這個人太酸」的評價。

那麼，什麼叫做人做得「太酸」呢？因為這純屬個人心理上的感覺和評價，因而「酸」字的含義可以是多種多樣的，評價標準也就千差萬別。大致表現在以下這些方面：

一是「爭風吃醋」式的「酸」

這類「酸」又可分為兩種。

一種是書生氣的「酸」。這類人，似乎是不食人間煙火，不懂社會真情，一遇到問題，便引經據典，之乎者也，滿口是老百姓聽不懂的辭彙，什麼問題也解決不了，然而架子卻特別大，顯出很有學問的樣子，別人反感透頂，他仍然津津樂道。

另一類是「文痞式」的「酸」。這類「書生」很聰慧、狡猾，明知自己說的「理論」是謬論，明知自己寫的文章的確有點傷天害理，拿出來只能是有害於社會，有害於民眾，然而，為了賣身投靠，為了個人升遷，為了取媚，為了——總之為了一種只有自己才知道的自私目的，什麼都顧不得了，於是，盡說昧良心的話，盡幹喪盡良心的事，裝腔作勢，陳詞濫調，擺出一副嚇人架勢，盡說盡寫一些沒人願聽的、「酸味」十足的「屁話」。

其實，這種理解稍稍有點片面性。這種「酸溜溜的感覺」不一定只產生於男女之間的愛情關係中，實際中，當人與人處於一種「所屬關係」，如領導與被領導的關係時，眼看著曾經對自己非常信任的鄰居居然變得信任他人而不信任自己（即失寵），在心理上就會產生一種「說不出口的酸溜溜的感覺」。

當然，這種「酸」，首先是行為者本人的「自我感覺」所產生的一種「酸意」，接著他（她）便很快地將這種「酸意」反映到自己的行為之中，使其行為帶上了「酸」的特點，使他人也感到「酸味」的存在，於是就有：「這個人真酸！」

二是「獻媚式」的「酸」

一些人，為了個人的特殊目的對自己特定需要的人進行獻媚式的討好，因而做出使人強烈感受到「酸」的事來。

這種「獻媚式」的討好對象，其地位一般是要比自己「大」或「高」的人（尤其是一些「有權有勢的人」），或是現在或將來對自己「用得著」的人。

在這些「用得著」的人面前，這些人一個勁兒地貶低自我，將自己罵得「狗血噴頭」（這種「貶」自己的目的是為了抬高討好對象的「偉大」和「雄才大略」）。如此一來，一個本來是堂堂正正的自我「縮」得小小的，老的變小的了，男的變女的了，甚至連自己說話的聲調都變得非常矯揉造作起來，原有的做人的真實都被統統地拋掉，露出的只是一副「奴相」，時間一長，這些人的人格甚至都會可能發生變異，這種人，甚至連起碼的人格和自尊都不要了。

這種人往往只想高攀權勢，因此，假模假樣，說出的話，做出的動作，都是要給人看的，都是要取媚於他人的，缺乏人的自尊，沒有做人的骨氣，只想做人的「裝飾品」或附庸。顯然，人們從心底就瞧不起這種人。

總之，做人不能太「酸」，不能「裝酸」。

以德化怨

在世人看來，做了好事不聲張，行了善舉不留名，「自家好處掩幾分」，毋庸置疑這是品質高尚、有道德修養的表現。但見到別人做了不好的事，卻要替他掩藏幾分，這似乎與人們慣常的處世原則相抵牾，而明人呂坤卻認為渾厚待人，可以使自己胸懷寬闊。

古代南宋有一個叫沈道虔的人，家有菜園，種有蘿蔔。這天，沈道虔從外面回家，發現有一個人正在偷他家的蘿蔔，他趕緊迴避開，等那人偷夠了走後他才出來。又有一次，有人拔他屋後的竹筍，沈道虔便讓人去對拔竹筍的人說：「這筍留著，可以長成竹林。你不用拔它，我會送你更好的。」他讓人買了大筍去送給那人家裡，那人羞慚地沒有接受。沈道虔家貧，常帶著家中小孩去田裏拾麥穗。偶爾遇上其他拾麥穗的人相互爭搶麥穗，他就把自己拾到的全部給爭搶的人，爭搶的人非常慚愧。

曹操的曾祖父曹節素以仁厚著稱鄉里。一次，鄰居家的豬跑丟了，而此豬與曹節家裏的豬長得一樣。鄰居就找到曹家，說那是他家的豬。曹節也不與他爭，就把豬給了鄰居。後來鄰居家的豬找到了，知道搞錯了，就把曹節家的豬送回來了，連連道歉，曹節也只笑笑，並不責怪鄰居。

這兩則故事裏的古人，都為「別人不好處」掩藏了幾分。沈道虔「縱容」小偷偷他家蘿蔔，曹節也不點破鄰居的錯誤，表面看來，無是無非，甚至顯得窩囊懦弱。但實際上，卻顯出了他們的寬大厚道。偷蘿蔔拔筍爭麥穗，是不好的行為，但也是人窮家貧的無奈，何必深責？替他掩藏幾分，反倒能使他自慚改過。鄰居錯認豬，儘管有自私一面，但失豬對一般人家也畢竟是大損失，情急之下錯認，也可以理解。古人一心為他人著想，寧可自己吃虧，正是胸襟寬闊、與人為善的表現。

這裏是一個生活小品，幽默而親切，讓我們在欣賞的同時，品味做人的美好：

在一家餐館裏，一位老太太買了一碗湯，在餐桌前坐下，突然想起忘了取麵包。她取了麵包，重又返回餐桌，卻發現自己的座位上坐了一個黑人，正在喝自己那碗湯。「他無權喝我的湯。」老太太尋思，「可是，他或許太窮了，算了，不過，不能讓他一個人把湯全喝了。」於是，老太太拿了湯匙，與黑人面對面坐下，不聲不響開始喝湯。

就這樣，一碗湯被兩個人共喝著，兩個人都默默無語

黑人突然站起身，端來一盤麵條，放在老太太面前，麵條裏插著兩把叉子。

兩個人繼續吃著。吃完了，各自起身，準備離去。

「再見！」老太太說。

「再見！」黑人說。他顯得很愉快，因為他做了件好事。

黑人走後，老太太才發現旁邊一張餐桌上，擺著一碗湯，一碗顯然被人忘了喝的湯……。

善惡有度，方能成事

有人喜歡選擇做好人，但同樣有人喜歡做惡人。做惡人同樣也有對自己好的和不好的地方。說到頭來，做好人做惡人都不過是做人的技巧而已。

做惡人，對自己本身會有什麼好處？

一、惡人雖然肯定令人討厭，但卻勝在有威勢。一個經理或主管以惡人的形象出現，有令下屬敬畏的作用。

一般而言，一個主管「偏惡」會遠比他「偏善」更能令下屬為他效力辦事。黑口黑面不講人情的主管當然不受下屬愛戴，但卻更能令下屬不敢造次。這是做惡人的第一個好處。

二、許多人不喜應酬，只想靜靜做事，那麼惡人的形象便會產生適當的威嚇作用，令你的應酬減到最低限度，賺得清靜。利用惡人的形象，你可以選擇性地省去許多麻煩。

三、好人傾向於對人堆笑臉，以至巴結逢迎；惡人板著臉做人，反而塑造出一個嚴肅、認真、令人肅然起敬的形象來，板著臉不但比堆笑臉威猛，對自己也不那麼委屈。

許多惡人是性本惡，但也有「本來不惡」的人基於需要，得裝出惡人的形象來辦事。其實做惡人的不好之處，最大不了也不過是犯眾怒、少朋友。但是做惡人是有選擇餘地的，你可以「因人而惡」，你仍然可以有朋友，你可以選擇對某些人做好人，對某些人做惡人。

每個人都有他自己不同的或好或惡、好惡程度不一的形象。一個惡人的「惡」，可能是他的真性，也可能只是個假象，和好人的「好」完全一樣。

不過，裝惡人遠比裝好人難。惡人無論是真惡人或假惡人，首先要有一個惡的表像。如果你是個天生的開心果，或者是那種病書生的模樣，恐怕想惡也惡不出樣子來，即使你是真的性本惡，也欠缺了惡人應有的威猛。

好人可以完全是個裝出來的假像，但裝惡人也許總得真的有三分惡才能成功地裝出所需的形象。回想起來不少人也覺得自己在工作中吃了「形象不夠惡」的虧，起碼手下不怕他們。如果你也有這類問題，便不妨板起面孔，重新開始。

認錯也要一馬當先

如果我們知道自己錯了，免不了會受責備，何不自己先認錯呢？聽自己譴責自己豈不比挨人家批評好受得多？如果我們對自己作了指責和批評，別人十之八九會對你予以寬大諒解而饒恕你的錯誤，甚至會佩服你的勇敢。

傑克住的地方，幾乎是在紐約的地理中心，但是從他家步行一分鐘，就可以來到一片野森林。春天的時候，黑草莓叢野花盛開，松鼠在林間築巢育子，馬草長得高過馬頭。這塊沒有被破壞的林地，叫做森林公園——它的確是一片森林，也許跟哥倫布發現美洲那天下午所看到的並沒有什麼不同。傑克常常帶著雷斯到公園去散步，它是傑克的小波士頓鬥牛犬，是一隻友善不傷人的小獵狗。因為他們在公園裏很少碰到人，所以，傑克常常不給雷斯套狗鏈或戴口罩。

有一天，他們在公園裏遇見一位騎馬的員警，他好像迫不及待地要表現出他的權威。

他訓斥傑克：「你為什麼讓你的狗跑來跑去，不給它套上鏈子或口罩，難道你不知道這是違法的嗎？」

「是的，我知道，」傑克輕柔地回答，「不過我想它不至於在這裏咬人。」

「你不認為，法律是不管你怎麼認為的。它可能在這裏咬死松鼠或咬傷小孩。這次我不追究，但如果下次讓我再看到這隻狗沒戴口罩出現在公園裏，那你就必須跟法官去解釋啦！」

傑克客氣地答應照辦。

傑克的確照辦了——而且是好幾回。可是雷斯不喜歡戴口罩，傑克也不喜歡那樣，因此他想碰碰運氣。起先很順利，可惜好景不長，不久他與雷斯就撞上了暗礁。

一天下午，雷斯和傑克在一座小山坡上賽跑，突然間——很不幸——他看到那位執法大人，騎在一匹紅棕色的馬上。雷斯跑在前頭，直向那個員警衝去。

傑克知道這下完了，所以不等員警開口他就說：「員警先生，這次你當場逮到我了，我有罪，我沒有託辭，沒有藉口了。你上星期已警告過我，再不戴口罩帶小狗出來你就要罰我。」

「是啊！我已警告過你，為什麼還要這樣呢？不過你承認錯了，這很好，」員警的回答變得柔和了，「我知道在沒有人的時候，誰都忍不住要帶這麼一條小狗出來散步。」

傑克回答說：「的確是忍不住，但這是違法的。」

「這樣一條小狗大概不會咬傷人吧？」員警說。

「不，它可能會咬死松鼠。」傑克接著說。

「哦，你把事情看得太嚴重了，」他告訴傑克，「你看這樣辦吧！你只要吸取教訓，保證今後不再這樣，事情就算了。」

那位員警也是一個人，他要的是維護大家應共同遵守的準則和作為一個執法者的尊嚴。因此，當你犯有過失的時候，惟一能增強他自尊心的方法，就是以誠懇的態度懺悔。

如果傑克有意為自己辯護的話——嗯，你會覺得怎樣呢？

即使傻瓜也會為自己的錯誤辯護——大部分的傻瓜都會那麼做——但能承認自己錯誤的人，卻會得到別人的諒解，並給人以謙恭有禮的感覺。比方說，美國歷史上對南北戰爭時的李將軍有一段極美好的記載，就是他把畢克德進攻蓋茨堡的失敗完全歸咎於自己。

畢克德的那次進攻，無疑是西方世界最顯赫最輝煌的一場戰鬥。畢克德本身就很輝煌。他長髮披肩，而且跟拿破崙在義大利戰役一樣，他幾乎每天都在戰場上寫情書。在那悲劇性的七日午後，當他的軍帽斜戴在右耳上方，輕盈地放馬衝刺北軍時，他那支忠誠的部隊不禁為他喝彩起來。他們喝彩著，跟隨著他向前衝刺。隊伍浩蕩，軍旗翻飛，軍刀閃耀，陣容威武，北軍也不禁發出了驚訝的讚歎。

畢克德隊伍輕鬆地向前衝鋒，穿過果園和玉米地，踏過花草，翻過小山。同時，北軍的大炮也一直沒有停止轟擊，但他們繼續挺進，毫不退縮。

突然，北軍步兵從隱伏的墓地山脊後沖出來，對著畢克德那毫無提防的軍隊，一陣又一陣地開槍。山間硝煙四起，慘烈有如屠場。幾分鐘之內，畢克德所有的旅長，除了一名之外，全部陣亡，五千士兵折損五分之四。

阿姆斯德統率餘部奔上石牆，拼死衝殺，把軍帽頂在指揮刀上指揮，高喊：「兄弟們！宰了他們！」

他們拼了。他們跳過石牆，用槍把、刺刀拼死肉搏，終於把南軍軍旗豎立在墓地山脊的北方陣線上。

軍旗只在那裏飄揚了一會兒。雖然那只是短暫的一瞬，卻是南軍戰功的輝煌記錄。

畢克德的衝刺——雖然勇猛、光榮——卻是失敗的開始。李將軍失敗了。他沒有辦法突破北方。

南方的命運決定了。

李將軍震驚不已，大感懊喪，他將辭呈送上南方的大衛總統，請求改派一個年輕有為之士。如果李將軍要把畢克德的進攻所造成的慘敗歸咎於別人，那他可找出數十個藉口。但是，李將軍不願遷怒別人。當畢克德的殘兵從前線退回南方戰線時，李將軍隻身騎馬出迎，並且自我譴責。「這是我的過錯！」他承認說，「我，我一個人，敗了這場戰鬥。」

歷史上很少有將軍有這種勇氣和情操。

艾柏・赫巴是曾鬧得滿城風雨的最具獨特人格的作家之一，他那尖酸的筆觸經常惹起強烈的不滿。但是赫巴以少見的為人處世的技巧，常常化敵為友。

當一些憤怒的讀者寫信給他，表示對他的某些文章不以為然，結尾又痛罵他一頓時，赫巴就如此回答：

回想起來，我也不儘然同意自己。我昨天寫的東西，今天不見得全部滿意。我很高興你對這件事的看法。下次你來附近時，歡迎駕臨，我們可以交換意見。遙祝敬意。

赫巴謹上

面對一個這樣對待你的人，你還能說什麼？

當我們對的時候，我們就要試著溫和、巧妙地使對方同意我們的看法；而當我們錯了——若是我們對自己誠實，就要迅速坦率地承認。這種技巧不但能產生驚人的效果，而且在任何情形下，都要比為自己爭辯還有用得多。有時越辯解，反而越描越黑。

別忘了這句古話：「**用爭鬥的方法，你絕不能得到滿意的結果；但用讓步的方法，收穫會比你預期的高出許多。**」

因此，如果你希望妥善地解決爭端，請記住這條規則：

如果你錯了，就要很快坦率地承認。

不要急於指出別人的錯

當一個人做錯事情的時候，不要急著去批評他，讓他承認錯誤。應該考慮對方有沒有意識到自己錯了。如果他們想他們根本沒有錯，那我們首先要做的不是批評，而是讓他們明白他們錯在那裏。

別人之所以那麼想，一定有他的原因。找出那個隱藏著的原因，那你就擁有了解釋他行為或者個性的鑰匙。

試試看，真誠地使自己置身於別人的處境裏。

如果你總能對自己說：「我要是處在他的情況下，會有什麼感覺？會有什麼反應？」那你就能節約不少時間，免去許多苦惱。因為「若對原因感興趣，我們就不大會討厭結果」。而除此以外，你還將大大增加為人處世的技巧。

「暫停一分鐘，」肯尼士・庫第在他的著作《如何使人們變得高貴》中說，「暫停一分鐘，把你對自己事情的高度興趣，跟你對其他事情的漠不關心，互相作個比較。那麼，你就會明白，世界上其他人也正是抱著這種態度！這就是，要想與人相處，成功與否全在於你能不能以同情的心理，理解別人的觀點。」

這一點，卡爾先生有其獨特的心得：

多年來，我經常在我家附近的一處公園內散步和騎馬，作為消遣和休息。我跟古代高盧人的督伊德教徒一樣，「只崇拜一棵橡樹」。因此，當我一季又一季地看到那些嫩樹和灌木被一些不必要的大火燒毀時，覺得十分傷心。那些火災並不是吸煙者的疏忽引起的，而幾乎全是由那些公園野餐，在樹下煮蛋和做「熱狗」的小孩子們引起的。有時火勢太猛，甚至要驚動消防隊來撲滅。

在公園的一個角落裏，立著一塊告示牌說：任何使公園內起火的人必將受罰或被拘留。但告示牌立在一個偏僻的角落裏，很少有人看到。公園裏有騎馬的員警，本應該照顧公園才對，但他們並未盡職。火災繼續在每一個季節裏蔓延。有一次，我慌慌張張地跑到一位員警面前，告訴他公園裏有一處著火了，希望他趕快通知消防隊，但他竟然漠不關心地回答，這不關他的事，因為那兒不是他的轄區！我真失望。從此，我再到公園騎馬的時候，就像一名自封的管理員那樣，試圖去保護公共財產。

剛開始，我並不去試著瞭解孩子們的想法，一看到樹下有火，心裏就很不痛快。

我總是騎馬來到這些孩子面前，警告說：如果他（她）們使公園發生火災，就要被送進監牢去。我以權威的口氣，命令他們把火撲滅。如果他們拒絕，我就威脅說要叫人把他們抓起來。我只是盡情發洩我的怒氣，根本沒有慮及他們的看法。

結果呢？那些孩子服從了——不是心甘情願而是憤恨地服從了。但等我騎馬跑過山丘之後，他們很可能又把火點燃了，而且恨不得把整個公園燒光。

隨著年歲的增長，我對為人處世有了更多一點的知識，變得通情達理了一點，更懂得從別人的觀點來看事情。於是，我不再下命令了，我會騎著馬來到那個火堆前，說出這樣一番話：

「玩得痛快嗎？孩子們。你們晚餐想煮點什麼？……我小時候也很喜歡燒火堆，而現在還是很喜歡。但你們應該知道，燒火在這個公園裏是十分危險的，我知道你們幾位會很小心，但其他人可就不這麼小心了。他們來了，看到你們生起了一堆火；因此他們也生起了火，而後來回家時卻又不把火弄熄，結果火燒到枯葉，蔓延開來，把樹木都燒死了。如果我們不多加小心，以後我們這兒會連一棵樹都沒有了。但我不想太囉嗦，掃了你們的興。我很高興看到你們玩得十分痛快；可是，能不能請你們現在立刻把火堆旁邊的枯葉子全部撥開。另外，在你們離開之前，用泥土，很多的泥土，把火堆掩蓋起來。你們願不願意呢？下一次，如果你們還想生火，能不能麻煩你們改到山丘的那一頭，就在沙坑裏起火。在那兒起火，就不會造成任何損害……真的謝謝你們，孩子們！祝你們玩得痛快。」

這種說法產生了極大效果，使得那些孩子們願意合作了，不勉強、不憎恨。他們並沒有被強迫接受命令，他們保住了面子，覺得舒服。我也覺得舒服，因為我事先考慮到了他們的想法，再來處理事情。

以後，當你請求任何人把火滅掉，或請求他人不要把機車停在通道上，或請求他捐出五十元給紅十字會之前，何不暫停一下，閉上眼睛，試著從別人的觀點仔細想一想整件事？問問你自己：「為什麼他這麼做？」不錯，這要花費你很多時間，但這能使你結交到朋友，得到更好的結果，減少摩擦和困難。

哈佛商學院的特哈姆院長說：「在會見某人之前，我寧願在他辦公室外面的走廊上多走兩個小時，而不願貿然走進他的辦公室時腦海中沒有清晰的概念，不知道該說什麼，也不知道他——根據我對他的興趣及動機的認識來判斷——大概會怎麼回答。」

這段話太重要了，為了強調它的重要，以黑體字再重述一遍：

在會見某人之前，我寧願在他辦公室外面的走廊上多走兩個小時，而不願貿然走進他的辦公室時腦海中沒有清晰的概念，不知道該說什麼，也不知道他——根據我對他的興趣及動機的認識來判斷——大概會怎麼回答。

學會經常站在別人的立場上來思考，以及從你自己和別人的角度來觀察事物——這是你生活中的一個新里程碑。

追求真正有益的交往

人們交往，往往是為了提到某種益處，比如應酬是為了發展事業，交友是為了辦事等。但不是所有的交往都對我們有益。交往能使人產生多種興趣和愛好，例如，它推動人去學習和模仿；反之，也能產生阻礙的作用，這在青少年組黨結派中表現得極為明顯。如果在選擇朋友方面沒有什麼要求，相互關係也不太協調，經常在一起談些低級趣味的「資訊」，這就是有害的交往。為了有利於自身的發展，我們應該追求真正有益的交往，避免有害交往。為此，應注意以下的問題：

每個人都應該清楚自己對人有什麼益處，能為別人做點什麼。

大文豪高爾基勸誡人們說：「任何時候也不要用這樣的態度對待別人，即認為對方的缺點多於優點。」在交往中經常會碰到對別人的態度問題。態度兇狠、心懷叵測的人很難與人交往；與此相反，那些善於發現別人優點的人則廣交好友。

這是建立良好關係的條件。人們的交往應該是主動的，這種主動性不僅應當表現在語言上，而且要表現在行動中。

要善於正確地瞭解別人行為的內在因素。

也就是說，這個「別人」願意把他的行為動能告訴你，否則當相互關係破裂時就會把一切責任推給對方。偉大的作曲家貝多芬在失去聽力以後曾這樣描寫過不理解他厄運的人：「你們認為我是個兇狠、精神失常的人，或者是個仇視世道的人……但你們並不瞭解，由於人所不知的原因我才成為你們想像的那種人，我怎麼向你們解釋呢？我喪失了聽力，而它應該比其他人的更完好，更靈敏……」生活中的確經常有人錯誤地評價別人的行為。人們正常的相互關係不僅應當具有合理性，而且要有理解別人、同情別人、與朋友同甘共苦的熱情和願望，以及設身處地為他人著想的品德。

為了在人們之間建立正常的關係，一定要注意交往的禮節。

交往文明除了尊重別人，友好相處，有耐心等，還需要恭謹謙讓和待人接物有分寸等品質。恭謹謙讓是一種性格特點，其主要內容是在社交場合遵守禮儀，維持某種行為原則。

人們的交往禮節與其交往習慣有關，它們可歸為以下幾個方面：首先，要正確對待第一次見面時對方給自己留下的最初印象。大多數情況下，這種印象的產生都受資訊不足的限制，即我們還不知道對方實際上是個什麼樣的人，只是表面一看，孰不知，對方看你也是一樣。一個人的外貌，包括長相、言談舉止、衣著打扮、髮型、口才都會影響人們對他的最初印象。從憑衣著打扮做出評價到對其「才智」和內心世界做出評價還相差甚遠。其次，還要善於不帶任何偏見地結交朋友，這是交往的一個重要方面。偏見會使人們對一個人的具體性格產生錯誤認識。

不要把自己的特有愛好和習慣強加給別人。

我們每一個人都應該樹立一種信念，即人應該是什麼樣的，什麼樣的性格和行為是最符合規範的。從這一觀點出發，我們就能經常自覺地檢查自己，正確評價別人。在生活中，在同別人相處的過程中維護他人的利益是很必要的。相互關係，甚至**與最親近的人的相互關係之所以遭到破壞，往往是對一些微不足道的小事過於認真**。因此，應該養成尊重別人的良好習慣。

與小人保持距離

人在河邊走，哪有不濕鞋。一個人的人際交往多起來之後，或多或少會遇到小人。這時候就要小心行事。

很難定義什麼是小人，這個小既不指年齡，也不指長得大小，小人和小人物是兩回事。和「小人」的關係若沒有處理好，一般人都要吃虧。

「小人」沒有特別的樣子，臉上也沒寫上「小人」二字，有些「小人甚至長得既帥又漂亮，有口才也有文才，一副「大將之才」的樣子。

不過，只要留心觀察，用心研究，「小人」還是可以從行為上分辨出來。

大體言之，「小人」就是做事做人不守正道，以邪惡的手段來達到目的的人，他們的言行有以下特點：

■喜歡造謠生事。小人的造謠生事都另有目的，並不是以造謠生事為樂，說謊和造謠是小人的生存手段。

■喜歡挑撥離間。為了某種目的，他們可以用離間法挑撥朋友間、同事間的感情，製造他們的不合，他在一邊看熱鬧，好從中牟利。

■喜歡拍馬奉承。這種人雖不一定是小人，但這種人很容易因為受上司所寵而趾高氣揚，在上司面前說別人的壞話，只要一有機會就抬高自己。

■喜歡陽奉陰違。這種行為代表他們這種人的行事風格，小人對任何人都可能表裏不一，這是小人行徑的一種。

■喜歡追隨權力。誰得勢就依附誰，誰失勢就拋棄誰，這是小人的一大特點。

■喜歡踩著別人的鮮血前進。也就是利用你為其開路，而他們是不在乎你的犧牲的。

■喜歡落井下石。只要有人跌跤，他們會追上來再補一腳，在小人眼裏，看別人跌跤是最快樂的事。

■喜歡找替死鬼。明明自己有錯卻死不承認，硬要找個人來作替罪羔羊。

事實上，「小人」的特色並不只這些，總而言之，凡是不講法、不講理、不講情、不講義、不講道德的人都帶有「小人」的性格。

那麼，該如何妥善處理和「小人」的關係？

以下幾個原則可以供讀者參考：

■不得罪他們。一般來說，「小人」比「君子」敏感，心裏也較為自卑，因此你不要在言語上刺激他們，也不要在利益上得罪他們，尤其不要為了正義而去揭發他們，那只會害了你自己。自古以來，就有「寧可得罪君子，也不得罪小人」之說。

■保持距離。別和小人們過度親近，保持淡淡的關係就可以了，但也不要太過疏遠，好像不把他們放在眼裏似的，否則他們會這樣想：「你有什麼了不起？」於是你就要倒楣了。

■談心說話。說些「今天天氣很好」的話就可以了，如果談了別人的隱私，談了某人的不是，或是發了某些牢騷不平，這些話絕對會變成他們興風作浪和整你時的資料。

■不要有利益瓜葛。小人常成群結黨，霸佔利益，形成勢力，你千萬不要想靠他們來獲得利益，因為你一旦得到利益，他們必然會要求相應的回報，甚至就如鼻涕那般，貼上你不放，想脫身都不可能！

■吃些小虧無妨。「小人」有時也會因無心之過而傷害了你，如果是小虧，就算了，因為你找他們不但討不到公道，反而會結下更大的仇，所以，原諒他們吧！

這樣子雖不能保證和「小人」們相安無事，但相信可把傷害降到最低。

寬容仁恕是一種睿智

寬容產生寬容，刻薄產生刻薄，人與人之間的情形，大抵如此。寬容不但表現為一種胸懷，也表現為一種睿智；刻薄不但表現為一種狹隘，也表現為一種短視。

戰國時，梁國與楚國交界，兩國在邊境上各設界亭，亭卒們也都在各自的地界裏種了西瓜。梁亭的亭卒勤勞，鋤草澆水，瓜秧長勢極好，而楚亭的亭卒懶惰，對瓜事很少過問，瓜秧又瘦又弱，與對面瓜田的長勢簡直不能相比。楚人死要面子，在一個無月之夜，偷跑過去把梁亭的瓜秧全給扯斷了。梁亭的人第二天發現後，氣憤難平，報告報縣令宋就，說我們也過去把他們的瓜秧扯斷好了。宋就聽了以後，對梁亭的人說：「楚亭的人這樣做當然是很卑鄙的，可是，我們明明不願他們扯斷我們的瓜秧，那麼為什麼再反過去扯斷人家的瓜秧？別人不對，我們再跟著學，那就太狹隘了。你們聽我的話，從今天起，每天晚上去給他們的瓜秧澆水，讓他們的瓜秧長得好，而且，你們這樣做，一定不可以讓他們知道。梁亭的人聽了宋就的話後覺得有道理，於是就照辦了。楚亭的人發現自己的瓜秧長勢一天好似一天，仔細觀察，發現每天早上地都被人澆過了，而且是梁亭的人在黑夜裏悄悄為他們澆的。楚國的邊縣縣令聽到亭卒們的報告後，感到非常慚愧又非常敬佩，於是把這事報告給了楚王。楚王聽說後，也感於梁國人修睦邊鄰的誠心，特備重禮送梁王，既以示自責，也以示酬謝，結果這一對敵國成了友鄰。

以仁恕之道推及他人，可以使人有寬廣的胸懷，容忍別人的過失。同時，也就不會因別人合理的指責自己而遷怒別人。

生活中常常有些人，無理爭三分，得理不讓人，小肚雞腸。相反的，有些人真理在握，不聲不響，得理也讓三分，顯得綽約柔順，君子風度。前者往往是生活中的不安定因素，後者則具有一種天然的向心力。一個活得嘰嘰喳喳，一個活得自然瀟灑。假如是重大的或重要的是非問題，自然應當不失原則地論個青紅皀白，甚至為追求真理而獻身。但日常生活中，包括工作中，有人往往為一些非原則問題，小小的皮毛問題爭得不亦樂乎，誰也不肯甘拜下風，說著論著就較起真來，以至於非得決一雌雄才算甘休，嚴重的大打出手，或鬧個不歡而散，影響團結。越是這樣的人越對甘拜下風的人瞧不順眼。時下裏流行一句話：「玩深沉」。其實這種場合玩點深沉正顯示了大度綽約的風姿。

爭強好勝者未必掌握真理，而謙和的人，原本就把出人頭地看得很淡，更不屑於小是小非的爭論。你越是有理，越表現得謙和，往往更能顯示你的胸襟之坦蕩、修養之深厚。

激勵是一柄雙刃劍

行走社會，與人相處，要想受到歡迎，就應該真誠地關心別人，鼓勵別人，在激勵他人的同時，激勵自己，這是成功人生又一重要法則。

沒有人是不受到激勵而去做任何事的。當你為了一定的目的而要激勵自己或激勵別人時，就必須有積極的心態、美好的願望。

看過世界名畫《梅杜薩之筏》的人都對畫中那磅礴的氣勢難以忘懷，那種對生命的渴求，使看過畫的每個人的內心都感到震撼。

這幅畫是法國著名畫家梅里柯根據當時的一次海難繪製的。在這次海難中，有十幾個船員被困在一個小木筏上，你可以想像，上面是天空，下面是大海，除此之外，什麼也看不見，同時還要忍受烈日酷熱之苦和饑渴之苦……有一部分人忍受不了，生命也就崩潰了，這部分人被畫家放在畫面的陰暗處。畫面最明亮的地方是幾個人用最後一點力氣托著一個人揮舞著手中的紅布，這是在海上飄泊了八、九天之後，終於遇到了一條船，幾位倖存者求救的場景。這部分人被畫家有意放在最明亮的地方，從中可以感受到畫家對熱愛生命的人的讚美。

正如一個倖存者後來所說：「我一直在想，我們一定會獲救的……」這時你可以看出，生存的願望，是激勵他們堅持到底的根本動能。

激勵自己的動機有很多種，首先是自我保護的願望，其次是愛、恐懼的情緒，然後是生活的願望和謀求身心自由的願望，接著是憤怒和憎恨的情緒，再就是謀求被認識和自我表現的願望。

也許你會說，這裏面有一些是消極的情緒。無疑，消極的東西對人是有害的，但是，消極的思想、情緒、感情和態度在使用得當的時候和需要的情況下，是非常有益的。

現在讓我們弄清楚消極的概念。我們且以憤怒、仇恨和恐懼為例：

憤怒和仇恨，反對邪惡的憤怒和仇恨是一種形式。當一個人的國家被敵人侵略時，保衛他的國家的願望，對侵略者的憤怒和仇恨就透過消極的情緒和感情達到了一個極有價值的目的。

恐懼。當你處在新的經歷和新的環境中，自然就會透過某些恐懼的情緒警告你保護自己，以免遭受潛在的危險。如果你發現恐懼對你不利，你就應該用積極的心態，把行動和理智結合起來，進而控制情緒，激勵你行動起來，用積極的感情代替恐懼。瞭解激勵自己的原則，養成用積極的心態激勵自己的習慣，你就能把握自己的命運。

為了激勵自己，就要努力瞭解激勵別人的原則。你激勵別人，別人也激勵你；既當雙親，又當孩子；既是教師，又是學生；既是行銷員，又是顧客；既是主人，又是僕人——人總是在扮演兩種對立角色。父母經常激勵孩子，教師經常激勵學生，旁人對一個小孩子的信心能使這個孩子信任自己。當這個孩子感覺到他是完全浸在溫暖而可靠的信任之中，他就會做得很出色。信任大大影響了他，使得他把自己潛在的最美好的東西發揮出來。

記住，要用信任的方法激勵別人。必須採用積極的信任，必須說明你的信心，告訴別人：「我知道你在這個工作中是會取得成功的，所以我和別人承擔了保證你成功的義務，我們都在這兒等待著你……」

如果你知道如何激勵一個人，你就能激勵他。因為一個人不是一個機械體。他的成功和失敗都取決他的心理是否受到激勵。

美孚石油公司有一位部門經理，他由於在一筆生意中判斷錯誤，使公司損失了幾百萬美元。公司上下都認為這個經理肯定會被炒魷魚，這位經理他做好了被炒的準備，而洛克菲勒卻平淡地說：「開除了你，這幾百萬學費不是白交了。」此後，這位經理在工作中為公司創造了巨大的經濟效益。

用積極的心態激勵自己和別人，你知道哪些方法能激勵自己，那麼這些原則同樣能激勵別人，反之亦然。

拿破崙・希爾在他的《思考致富》一書裏，首次揭示出四個自我「激勵」的黃金步驟：

- 在你的心裏，確定你所希望擁有的財富數字——籠統的說我需要很多很多的錢，這是沒有用的；你必須確定你要求的財富的具體數額。
- 確確實實地決定，你將會付出什麼努力與多少代價去贏取你所需要的錢，世界上是沒有不勞而獲這回事的。
- 規定一個日期，一定要在這日期之前把錢賺到手。
- 擬定一個實現你理想的可行性計畫，並馬上實施行動。以上四點你甚至可以記錄下來。不妨每天三次，大聲朗讀你寫下的計畫內容。當你朗讀的時候，你必須看到、感覺到和深信你已經擁有這些財富。

從表面上看上面是一組枯燥乏味的數字，實際上這些步驟不僅是致富的重要途徑，更是要達到目標的必經之路。當你閱讀此書時，你應該自我發出警告：「立即行動！」而做出的行動，會毫無疑問激勵自己。你能！如果你願意激勵自己，你就會發現，激勵別人也不是難事。記住，當你激勵自己和別人的時候，你的人際關係會出現一種和諧上進的氣氛，而你則能拿到成功寶庫的金鑰匙。

言必信，行必果

判斷一個人的真假善惡，無需作過多的考察，有時只要看他是否講信用、守信義就夠了。為人處世，信守諾言非常重要。那些受歡迎的人，常用各種不同的方式把他們的特點展現在人們面前，其中最顯著的特點便是任何時候都有守信、遵約的美德。

守信，是中華民族的優秀文化傳統之一，自古以來，中國人都十分注重講信用，守信義。清代顧炎武曾賦詩言志：「生來一諾比黃金，哪肯風塵負此心。」表達了自己堅守信用的處世態度和內在品格。中國人歷來把守信作為為人處世，齊家治國的基本品格。

東漢時，汝南郡的張劭和山陽郡的范式同在京城洛陽讀書，學業結束，他們分別的時候，張劭站在路口，望著天空的大雁說：「今日一別，不知何年才能見面……」說著，流下淚來。范式拉著張劭的手，勸解道：「兄弟，不要傷悲。兩年後的秋天，我一定去你家拜望老人家，與你重聚。」

落葉蕭蕭，籬菊怒放，這正是兩年後的秋天。張劭突然聽見天空一聲雁叫，牽動了情思，不由自言自語地說：「他快來了。」說完趕緊回到屋裏，對母親說：「媽媽，剛才我聽見天空雁叫，范式快來了，我們準備準備吧！」「傻孩子，山陽郡離這裏一千多里路，范式怎會來呢？」他媽媽不相信，搖頭歎息：「一千多里路啊！」張劭說：「范式為人正直、誠懇、極守信用，不會不來。」老媽媽只好說：「好好，他會來，我去備點酒。」其實，老人並不相信，只是怕兒子傷心，寬慰寬慰兒子而已。

約定的日期到了，范式果然風塵僕僕地趕來了。舊友重逢，親熱異常。老媽媽激動地站在一旁直抹眼淚，感歎地說：「天下真有這麼講信用的朋友！」范式重信守諾的故事一直為後人傳為佳話。

在現實生活中講信用，守信義，是立身處世之道，是一種高尚的品質和情操，它既表現了對人的尊敬，也表現了對自已的尊重。但是，我們反對那種「言過其實」的許諾，也反對使人容易「寡信」的「輕諾」；我們更反對「言而無信」、「背信棄義」的醜行！

在交往中，如果真能主動幫助朋友辦點事，這種精神當然是可貴的。但是，辦事要量力而行，說話要注意掌握分寸。因為，諾言能否兌現不僅有個自己努力程度問題，還受客觀條件制約。有些在正常情況下是可以辦到的事，後來由於客觀條件產生了變化，一時辦不到，這種情況是有的，這就要求我們在朋友面前，不要輕率地許諾。有的事，明知辦不到，就應向朋友說清楚，要相信朋友是通情達理的，是會理解的，千萬不要打腫臉充胖子，在朋友面前逞能，輕率許諾。這樣，不但得不到友誼和信任，反而會失去朋友。

同情的化學價值

有時候，使你覺得厭煩、心地狹窄、不可理喻的人，之所以是那副樣子，原因也並不全在他自己。為那可憐的傢伙難過吧！去同情他、理解他！你自己不妨默誦約翰・戈福看見一個喝醉的乞丐蹣跚地走在街上時所說的那句話：「若非上帝恩典，我自己也會這個樣子。」

明天你將遇見的人中，有四分之三都渴望得到同情。給他們同情吧！他們會更愛你。

每一個入主白宮的人，幾乎每天都要遭遇到棘手的為人處世的問題。塔夫脫總統自然也不例外。但他從經驗中學到，「同情」在中和酸性的狂暴感情上，有很巨大化學價值。塔夫脫在他的《服務道德》一書中，舉了一個例子。

「一位住在華盛頓的夫人，」他寫道，「她的丈夫具有一些政治影響力。她跑來見我，纏了我六個多星期，要求我任命她兒子出任一項職位。她得到了許多參議員及眾議員的協助，並請他們一起來見我，重申對她的支持。這項職位需要具備某些技術條件，於是我根據該局局長的推薦，任命了另外一個人。然後，我接到那位母親寫來的一封信，說我是世界上最差勁的人，因為我拒絕使她成為一個快樂的婦人，而那對我來說只不過是舉手之勞而已。她更進一步說，她已經跟那個州代表商討過了，將投票反對一項我特別感興趣的行政法案，她說這正是我該得到的報應。」

「當接到像這樣的一封信，你首先就想到，怎能跟一個行為不當或甚至有點無禮的人認真起來。然後，你也許會寫封回信。而如果你夠聰明的話，就會把這封回信放進抽屜裏，然後把抽屜鎖上。先等上兩天——像這類的書信，通常要遲兩天才能回信——經過這段時間，你再把它拿出來，就不會想把它寄出去了。我採取的正是這種方式。於是，我坐下來，寫一封信給她，語氣盡可能有禮貌。我告訴她，在這種情況下，我很明白一個做母親的一定十分失望。但是，任命一個人並不只是憑我個人的喜愛而決定，我必須選擇一個有技術資格的人，因此我接受了局長的推薦。並表示，希望她的兒子在目前的職位上能完成她對他的期望。這使她的怒氣終於化解，她寫了一張便條給我，對於她前次所寫的那封信表示抱歉。」

「但是，我送出去的那項任命案，並未立刻獲得通過。一段時間之後，我接到一封聲稱是她丈夫的來信。雖然據我看來，筆跡完全一樣。信上說，由於她在這件事情上過度失望，導致神經衰弱，不得不病倒在床上，演變成最嚴重的胃癌。難道我就不能把以前那個名字撤銷，由她兒子代替，而使她恢復健康？我不得不再寫一封信，這次是寫給她丈夫。我說，我希望那項診斷是不正確的；她的妻子如此病重他一定很難過，我很同情。但要把送出去的名字撤銷，是不可能的。我所任命的那個人最後終於獲得通過。在接到那封信的兩天之後，我在白宮舉行了一次音樂會。會上第一對向塔夫脫夫人和我致意的，就是這對夫婦，雖然這位作妻子的最近差點『死去』」。

胡洛克可能是美國最有成就的音樂經紀人。二十多年來，他一直跟藝術家有來往——像夏里亞賓‧伊莎德拉、鄧肯以及帕夫洛瓦這些世界聞名的藝術家。胡洛克先生告訴我說，他和這些脾氣暴躁的明星們接觸所學到的第一件事就是必須同情，對他們那種荒謬的怪癖更是要同情。

他曾擔任夏里亞賓的經紀人達三年之久——夏里亞賓是最偉大的男低音之一，曾風靡大都會歌劇院。然而，他卻一直是個「問題人物」。他的行為像一個被寵壞的小孩。以胡洛克先生的特別用語來說：「他是個各方面都叫人頭痛的傢伙。」

例如，夏里亞賓會在他演唱的那天中午，打電話給胡洛克先生說：「胡洛克先生，我覺得很不舒服。我的喉嚨像一塊生的碎牛肉餅，今晚我不能上臺演唱了。」胡洛克先生是否立刻就和他吵了起來？哦，沒有。他知道一個經紀人不能以這種方式對待藝術家。於是，他馬上趕到夏里亞賓的旅館，表現得十分同情。「多可憐呀！」他極其憂傷地說，「多可憐！我可憐的朋友。當然，你不能演唱，我立刻就把這場演唱會取消。這只不過使你損失一兩千元而已，但跟你的名譽比較起來，根本算不了什麼。」

這時，夏里亞賓會歎一口氣說：「也許，你最好下午再過來一次。五點鐘的時候來吧！看看我怎麼樣。」

到了下午五點鐘，胡洛克先生又趕到他的旅館去，仍然是一副十分同情的姿態。他會再度堅持取消演唱，夏里亞賓又會再度歎口氣說：「哦！也許你最好待會兒再來看看我。我那時可能好一點了。」

到了七：三〇分，這位偉大的男低音答應登臺演唱了，他要求胡洛克先生先上大都會的舞臺宣佈說，夏里亞賓患了重傷風，嗓子不太好。胡洛克先生就撒謊說他會照辦，因為他知道，這是使這位偉大而怪脾氣的男低音走上舞臺的惟一辦法。

亞瑟·蓋茲博士在他那本精彩的《教育心理學》中說：「所有的人類都渴望得到同情。……從某種觀點來看，為真實或想像的不幸而『自憐』，實際上是一種世界性的現象。」

幽默是快樂的調味劑

幽默是生活的調味劑，是人際交往的潤滑劑。幽默不僅可以換來人們歡快的笑，而且可以溶解自身的悲哀。

生活中不乏有這樣的人，品行端莊，為人樸實，但他總是一本正經，沒個笑臉，讓人覺得枯燥無味，可敬而不可親。

富有幽默感的人就不同了。他們不但愉快地做事，更能愉快地說話，走到哪兒，歡樂就散佈到哪兒。這樣的人肯定有缺點，但由於有情趣，使人歡笑，使人快樂，人人都願意與之相處。

幽默型的人，他們很少遵從邏輯的法則，相反的，他們經常運用奇談怪論或類似詭辯的手法，使對方如墜雲裏霧中。這種情況，與其說是為了理而辯，不如說是為了給自己找臺階下更來得貼切。打趣話、俏皮話、笑而不謔的話連續不斷，使舉座為之傾倒。這種才能特別發達的人，總是非常圓滑、靈活的聰明人。

有幽默感的人，必然是感覺敏銳的人，心理健康的人，也必然是笑顏常開的人，胸襟豁達的人，別人樂意與之交往、與之親近、與之為友的人。這裏面，性格樂觀，胸襟豁達很重要。一個悲觀厭世者當然不懂得幽默，一個心地偏狹之人也與幽默無緣。

幽默氣質伴生於曠達的情懷。心底曠達，故眼前的一切，不管是喜怒哀樂還是辛酸苦辣，都可付之淡淡一笑。一個人如果過於現實，老於世故，對所有的事情都脫不開利害恩怨的計較，這樣的人生毫無幽默可言。若是在心境上稍稍超越世俗功利的陳規陋見，襟懷自然，清新坦蕩，幽默的睿智就會不招自至。

在人際交往中，幽默的情懷無疑就像濕潤的細雨，可以沖淡緊張的氣氛。有幽默感的人懂得，既然無意在乎，不妨一笑置之。一笑置之，但並不是所有的笑都是幽默的表現。生活中有許多笑不僅不幽默，反而很煞風景。譬如格格之笑，太佻；哈哈大笑，太俗；呵呵之笑，太粗；嗤嗤之笑，太傻。一般來說，抿嘴一笑、莞爾一笑、微微一笑、會心一笑都屬於幽默的笑。淡淡的笑是深沉的幽默，甚至不動聲色，也是涵養的表現。幽默是寬宏恬靜的結果，雖然深刻，但決不尖酸，尖酸屬於惡意諷刺，而惡意諷刺難免心胸狹隘，心胸狹隘乃幽默之大忌。幽默當然包含嘲弄，但主要是對事不對人。每個人都有缺點，充其量是程度不同而已，故有缺點的人不必去奚落他，但是人的缺點，作為人類的共同笑料，值得拿出來讓人參觀參觀，或許可以減少一些人類的固執與傲慢。

有一次禦史台的官僚們拿蘇東坡的詩作根據，斷章取義，無根據地分析，硬說他諷刺朝廷，誣蠛皇上，把他從湖州刺史任上抓來，關到大牢裏，幾乎殺頭。經他的弟弟子由和許多好友大力營救，才保住了性命，貶到黃州任縣令。

然而迫害並沒有就此結束，以後他繼續受到多次打擊，新帳舊帳一起算，越算越多，被貶謫去的地方也越來越遠，最後竟貶到荒僻遙遠的海南島。長期的磨難使蘇東坡認識到派系鬥爭激烈的嚴酷現實。他在著名的《水調歌頭》一詞裏，曾很有深意的慨歎：「我欲乘風歸去，又恐瓊樓玉宇，高處不勝寒。」以後人們常用「高處不勝寒」來形容高層政界裏的不易立足。

蘇東坡常常以嬉笑詼諧的形式，來曲折地發洩心中的不平之氣。有一次，大家歡迎他講故事，他當場編了一個新奇的故事，說得大家前仰後合。他說：

「昨夜，我做了一個夢，夢見兩個峨冠博帶的人找我，說海龍王請我去吃飯。我也確實很久沒吃過飽飯了，聽說請吃飯，心中很高興，便沖濤踏浪，跟著他倆到了龍王的水晶宮。水晶宮裏瓊樓玉宇，百寶紛呈。龍王帶一大群臣僚，還有嬪妃出來迎接我。他們說了許多稱讚我的話。滿桌山珍海味，身邊一個美人專給我斟酒。那美人身材窈窕，膚色白嫩，雙目像太液池裏的秋波，一閃一閃地瞅著我，身上散發著香氣，使我神魂顛倒。正在這時，龍王讓我為今日之幸會題詩。我當即提筆揮就，盛讚龍王功德和水晶宮裏的豪華，並頌揚君臣的才學與嬪妃們的豔美。龍王高興極了，誇獎我的文筆，賞賜了我大量的珍寶。正在我得意的時候，忽然一個丞相模樣的大臣，低聲告訴龍王，說我寫的詩裏有譏諷大王的語氣。龍王一聽大怒，吩咐蝦兵蟹將把我趕了出來。我一看這位相公，原來是烏龜相公變的。唉！我蘇東坡處處受烏龜相公的算計呀！」

蘇東坡就是這樣，在幽默的談笑中，曲折地發洩自己心中的不平怨氣，忍耐艱難的遭遇，堅定自己的信心，什麼樣的環境也淹沒不了他的智慧和才華。

有人曾說：「幽默是痛苦與歡樂交叉點上的產物。」這句話道出了幽默的內涵。以嚴肅的態度對待一切，而以輕鬆的態度對待自己，尤其是面對失敗、面對挫折，面對生活中的種種不幸，以幽默的態度一笑置之，實在是一種君子坦蕩蕩的磊落襟懷。

多多求教於人

美國早期政界名人路易士・喬治，治理政務以精明周密而聲名遠播，但是他對自己的學問還是常感懷疑。每當他做好了財政預算送交議會審核之前，幾乎每天都和幾位財政專家聚首商議，即使一些極細微的地方，也不肯放鬆求教的機會。他的成功秘決，可以一言以蔽之，就是：「多多求教於人」。

古今中外的偉人中，善於使用「求教於人」成功秘訣的，真是多得不勝枚舉，通常身為領袖的人物，大多有著這種樂於徵詢他人意見的習性。

可以說，從一個人能獲得外人助力的大小，可以決定他的偉大程度。一個聰明、有所作為的大人物，最能利用種種方法使人自動向他提供意見，並且善於審查這些意見，從中摘取有益於自己的加以利用。反之，那些庸碌無能的人，往往不懂得徵詢他人意見，即使獲取了人家的意見，也不能加以正確選擇和適當利用。

第一次世界大戰時，魯賓遜上校正在前線督戰，屬下有兩個違反軍紀的軍人，逃到德軍前線去了。魯賓遜立刻命他隊伍中的一個上尉，帶領一支兵馬，前去將犯人捕回。但這個上尉是個有勇無謀的人，事先既不周密計畫，也不徵詢別人的意見，單單仗著那股愚勇，草率地前去血戰，結果吃了一場敗仗，全軍覆沒。

在失敗的消息傳來後，魯賓遜只好再命另一位上尉，率領另一支兵馬前去。這個上尉就深明成功的訣竅，他先去找一位法國軍官，把自己將要實施的計畫告訴了他，並徵詢他的意見。那位法國軍官當然樂於指教，便根據自己的經驗，告訴他一個最穩當的方法，他用這方法去做，果然將犯人安然捕回。

同是兩個勇敢的上尉，只因前者喜歡獨斷獨行，以致功業無成反而遭受殺身之禍；而後者由於肯向人虛心求救，不但保障了自己的生命，還圓滿地完成了任務。所以我們說：求教於人不但不是一種可恥的行為，反而更顯示一個人有思想、肯進取、有機智。試想，你獨斷獨行，即使僥倖成功，又有什麼值得格外自傲呢？

也許你常常看見有些資格老到的人，能夠獨斷獨行而百無一失，便覺得萬分羨慕。其實你還是只知其一不知其二，那些人能夠獨斷獨行而百無一失，正是由於他們在平日肯多多吸收學識，累積多年經驗的結果。他們的作為，絕非那些學淺識陋、專以自炫「聰明」而獨斷獨行的年輕人所能比擬。

當柯金斯擔任美國福特汽車公司總經理時，一天晚上，公司裏有事要發通告信給所有的營業處，因為十分緊急，所以這天晚上公司裏的員工全體動員協助，連總經理柯金斯先生，也一同工作得十分緊張。當時柯金斯命令一個做書記的下屬幫忙套信封時，那個年輕職員認為做這種事情有礙他的身分，便爭辯說：「我不願意幹！我到公司裏來，不是來做套信封的工作的。」

柯金斯聽了這話當然怒上心頭，但他仍若無其事地說：「好吧！既然做這件事對你是種侮辱，那麼就請你另謀高就吧！」

於是那個青年一怒而出，跑了許多地方，換了好幾種工作，最後他還是鼓起勇氣重新回到福特公司來工作。他與柯金斯先生見了面，很誠摯的說：「我在外面經歷了許多事情，經歷得愈多，愈覺得我那天的行為錯了。因此，現在我仍想回到這裏工作，不知你還肯任用我嗎？」

「當然可以。」柯金斯說，「因為現在你已完全改變了。」

柯金斯先生提供給那青年的意見並沒有錯。如果那個青年當初接受他的意見，又何必到外面去兜那樣一個大圈子呢？

後來，柯金斯先生述及此事時說：「那個青年開始尊重別人的意見，不再獨斷獨行，現在他已成了一個很有名的大富翁。」

其實，世上再沒有比聽取別人的意見更容易做到的事了，但一般經驗不足的人，大多不願那樣去做，也難怪他們會到處碰釘子呢！

如果你希望做事少碰釘子、失誤少，最聰明的辦法，就是多多參考別人的意見。有許多意見，常常是人家付出了極大的代價換得的經驗之談，他既然肯讓你不費吹灰之力地去利用，你又何樂而不為呢？

把「對不起」的價值真正挖掘出來

真正的道歉不僅僅是承認錯誤，它還表明，你意識到自己的言談舉止有損於你與他人之間的關係，而且對補償和重建這種關係有著相當的願望。

這絕不是輕而易舉的事情，承認錯誤是令人難堪的。但是一旦你克制自己的驕傲心理，迫使自己勇敢地這樣去做，它將會成為一種奇妙的醫治創傷的癒合劑。

那麼，我們究竟應當在什麼時候、用什麼樣的方式來說「對不起」呢？

一、如果你沒能用語言來表示你的歉意，那麼就傳遞一個表示和解的信號。絕不要低估這種發自內心的無聲的語言。

二、記住，向人表示道歉不是一件丟臉的事，而是成熟和誠實的表現。即使是偉人也能道歉。在葛底斯堡戰敗之後，羅伯特・李告訴他的殘兵敗將，沒有取得勝利完全是他的責任。溫斯頓・邱吉爾對亨利・杜魯門的第一印象十分不好，後來他告訴杜魯門，自己曾一度嚴重地低估了他——這是一句用高明的恭維話表示的一種歉意。

三、除非你的道歉意味著真正的悔悟，否則它就不會產生和解的作用，因此務必說真話。

四、道歉要保持一種尊嚴——不要卑躬屈膝。你是在試圖糾正你的錯誤，這是應當得到尊敬的。

五、如果理應道歉，應該當機立斷。推延會使這種表示更為困難——有時甚至成為不可能的。皮爾在一個大的基金會當理事的時候，一位傲慢的年輕助理提出他應當取代董事的職位。理事會投票贊同了這次人選的更換。然而他們馬上意識到自己犯了嚴重的錯誤：他們絕不應當讓這位老董事離開。皮爾下決心要把這話告訴他。但是，在他們碰到他之前，他患了致命的心臟病，這使皮爾道歉的意願沒能實現——這件事使皮爾至今深感欠疚。

六、如果你覺得別人應當向你道歉，而你卻沒有得到的話，要採取通情達理的行動，而不要鬱悶和發怒。寫一張紙條，或是透過一個雙方共同的朋友轉送一個資訊，解釋一下為什麼你會覺得委屈，以及你擺脫這種感覺的願望。如果你使得別人的道歉不至於太難堪的話，他往往會願意這樣做——因為多半他對這種情形也同樣感到不愉快。

七、當你覺得自己沒有做錯的時候，不要只是為了和好而道歉。同時，還要設法將一種抱歉感和需要道歉區別開來。例如，如果你站在一個主管的位置上，由於某人力不勝任而不得不解雇他的時候，你也許會感到抱歉，但是並不需要去道歉。

如果你想到你錯待了某人，或者對他過於嚴厲，或者只是疏忽怠慢了他，應當對他表示歉意，請馬上有所表示吧？寫一張紙條、打個電話，或者傳遞出一個信號——一本書、一束花、一罐蜜餞等等，只要能傳達你的心意的任何東西都可以。它們將會告訴別人：「我因為咱們之間的隔閡而感到不愉快，特致意於你，但願咱們能夠和好如初，不記前嫌。希望你能接受帶來了這個資訊的和解姿態，這個資訊包含著世界上最具有和解作用的一句話：『對不起。』」

要成熟不要世故

成熟是一個人經歷過太多事情，之後而練就的一種自我保護意識及合理處理事情的能力。而世故則是一種錯誤的「成熟」。很多人都分不清世故與成熟。

成熟者能看到社會或人生的陰暗面，卻能不被陰暗面所嚇倒，表面上沉靜而內心卻有一腔熱血。因為面對黑暗，有不平而不悲觀，既堅信希望在於將來，又執著於今天的努力。世故者也看到社會的陰暗面，但他們分不清主流和支流、本質和現象。他們因為曾在事業、理想、生活、愛情等方面遭受過打擊或挫折便冷眼觀世，覺得人生殘酷，社會黑暗。他們自以為看透了社會和人生，以「眾人皆醉我獨醒」自居。在生活中，成熟與世故的具體區別表現為：

真誠與虛偽

成熟者知道社會是複雜的，因此人的頭腦也應當複雜些好。遇事要自己思索，自己做主，不輕信，不盲從；與人交往，考慮複雜些而不失其赤子之心，「和朋友談心，不必留心」；如果遇見不熟悉的人，「切不可一下子就推心置腹」，因為這樣既不尊重自己，也不尊重別人，可以多聽少談，真正瞭解後才可以敞開交流思想。

世故者由於過多地看到人生和社會的陰暗面，因而錯誤地認為人世間沒有真誠可言。與人做「披紗型」的交往，猶如信奉伊斯蘭教的婦女披上自己的面紗一樣，把自己的內心世界封閉起來。對人外熱內冷，處事設防。同友相交，虛與周旋，別人的事自己探聽尤詳，自己的事隔牆難聞，說給別人聽的，儘是些「不著邊際」的話。

互助和利用

成熟者在處理人與人關係上，堅持互惠互利，互幫互進的態度，有福共用，有難共當，患難時見真情。世故者對周圍人採取於己有用者交往之，於己無用疏遠之的態度。交往的熱情則同於己有用之程度成正比，即使是對同一個人也不例外。

堅持原則與看風使舵

成熟者遇事頭腦冷靜，堅持原則，有主見，該幹什麼仍幹什麼。世故者觀風向，看氣候，見什麼人說什麼話，投人所好，八面玲瓏，採取「隨風倒」的處世方法。就如有人所刻畫的那樣：當世故者與多愁善感的人交際，便把自己打扮成多愁善感的人，說話時，眼睛裏有時還會淚光閃閃，轉身與性格多疑的人交際，他又會儼然裝得深沉起來，與對方一起分析別人如何有可能損人利己，奉勸對方應採取何種態度來對付，而與率直爽情的人談話時，他又會馬上變得嫉惡如仇，真想馬上為朋友打抱不平，兩肋插刀不顧，然而與喜歡息事寧人、凡事調和的人在一起時，又顯示老謀深算，久經風霜的樣子，把那些正直的舉動說成「簡單」和「幼稚」，仿佛發生的一切麻煩都是因他不在場而造成的。

直面現實和玩世不恭

成熟者對事敢於發表自己的意見，敢做敢當，有「捨我其誰」的大丈夫氣概，往往小事糊塗，大事清楚。世故者遊戲人生，採取滑頭主義和混世主義態度，專搞中庸，慣於騎牆。

奮進與沉淪

成熟者和世故者也許都經歷過生活的艱辛、人生的磨難。但前者把挫折當成奮飛的起點，重新認識社會與自我，奮進不已；後者則或者躬行「先前所憎惡、所反對的一切」，拒斥「先前所崇仰、所主張的一切」，或者乾脆對一切無所謂，企求超脫社會，也許還會與惡勢力同流合污。

成熟是人生成功的重要標誌，世故者只能把人生引入歧路。世故在人際交往中留下的印象是不可信、不可靠和不可近。一個這樣的人，自然很難在人生舞臺上有出色的表演。

遇事要鎮靜

明人呂坤在《呻吟語》裏說：「主靜之力大於千牛，勇於十虎；當尊嚴之地、大眾之前、震怖之地，而心動氣懾，只是涵養不定；靜中看天地萬物都是無名豎子。」其實呂坤是在教人「靜」，鎮靜、沉著地面對那些會使人們感到害怕的事情、場合和人。心理鎮靜的力量比一千頭牛的力量還要大，比十隻老虎的兇猛還要強。人在鎮靜中看世界萬物，其實都算不了什麼。一個人之所以在尊嚴的場合、眾人的面前、恐怖的情況下心跳加快、大氣兒也不敢出，說是因為「靜」的涵養還沒有穩固。

那麼，這種鎮靜的心理素質是不是天生的呢？是不是我們如果有畏懼、怯場的毛病就再也不能改變呢？不是。勇敢的士兵不是天生就勇敢的，而是鍛鍊出來的。

恐懼多是毫無道理的。要知道，不會發生的事終究不會發生，你恐懼，只是徒增煩惱；而該發生的事也不會因你的恐懼而停止。因此，應該以平靜的心態去對待天地萬物，無恐而棋，而這種鎮靜之勇是可以透過修養和鍛鍊獲得的。

《三國演義》裏諸葛亮在萬般無奈下唱起了「空城計」。面對司馬懿的大軍壓境，諸葛亮大開城門，不布一兵一卒，自己在城樓上彈琴。雖然他根據司馬懿多疑的性格，估計司馬懿不敢貿然攻城，但誰能保證司馬懿絕對會上當呢？危險的後果是確實存在的。要說諸葛亮一點兒緊張都沒有，那也太誇張了。但諸葛亮的確沒有表現出慌張和心虛。他怎麼做到呢？很簡單——專心地彈琴。司馬懿果然老奸巨猾，他為了防止自己上當，非常仔細地聽諸葛亮琴聲，沒有聽出絲毫破綻。司馬懿頓時慌了，急忙下令撤兵，「空城計」就這樣成功了。

人在極端危險的境地，如火災、地震、洪水爆發……的情況下，都會有恐懼感，這是人的本能反應。但恐懼對人脫離險境不但沒有絲毫幫助，反而會加大危險。這時惟一可行的辦法，就是不要去想萬一逃不脫會怎樣，而是集中注意力做自救和他救工作，在有的情況下根本無法逃避，那就做點兒什麼事，耐心地等待他人的援救或等待奇跡的發生吧！但無需恐懼。電影《鐵達尼號》中，在巨輪行將沉沒時，幾位樂隊成員仍專心地演奏著音樂。他們面臨著死亡的威脅，卻沉浸在美妙的音樂之中，遠離了恐懼。

自信也是克服恐懼症的手段之一。對別人，特別是對地位高或比自己在某方面佔優勢的人，你不必畏懼，要記住你和對方都是平等的。對方是個重要人物，你也很重要。

克服恐懼感的第三個要點是儘量不去想可能產生的結果，而把注意力集中在你眼前正在做的事上。我們常常會為後果擔心，比如：面對強大的敵手我可能失敗，公司業務不好可能會負債，演講可能不受歡迎，我可能要出醜……我們老在想後果，只會越想越怕。強迫自己不去想，似乎也辦不到，剛剛不想了，不知怎麼的又擔心起來。要克服這個毛病，你需要做一件事，把注意力完全集中到這件事上來。

給人留下好印象

在日常交際中，每個人都想給人留下好印象，都想與別人愉快地交往，並建立好人緣。那麼，怎樣才能贏得好人緣呢？下面的幾點建議可供借鑒。

始終守信用

守信用是一種可敬可佩的美德。人們以講究信用來表達對別人的尊敬。然而，很多人對此不大介意，認為是小事一樁。

掌握記名字的竅門

人們經常說，人聽到的最甜美的聲音就是自己的名字。假如你付出了精誠的努力，你會對自己記名字的能力驚歎不已的。記名字有竅門，每個人都應下決心掌握這門藝術。大多數有關這種特殊記憶的方法建議，把名字與圖畫或者滑稽的聲音和習慣用語連結起來記，以便使大腦能不斷回想起正確的名字。一旦掌握了這種技巧，今後，你將會給人留下深刻的印象。

學習講演藝術

卡爾曾參加一個婚禮，新娘的父親是一家大木材公司的經理，他在婚禮上講了三十分鐘的話，遺憾的是，這三十分鐘極為冗長乏味。他的講話不僅失敗了，而且幾乎毀了整個婚禮的氣氛。卡爾還發現不少商業和工業方面的重要領導人，由於發表了準備不恰當或者草率的講話，降低了自己在觀眾中的威望。大多數講演者在講話時穿插一些幽默來激發聽眾的興趣。但是，要注意幽默佔用的時間和它的使用價值。不要怕「偷竊」他人的有趣的東西。你可以從講祝詞和笑話書刊中汲取一些營養來滋補你的講稿。只要經常留神，你會驚奇地發現，身邊的材料比比皆是。

謹慎擇友

這不是說你應該斷絕和朋友的交往，因為他們的不足之處會或多或少地感染你。事實上，你留給別人的印象，大都是受朋友影響的。俗語「物以類聚」和「近墨者黑，近朱者赤」並不是無根無據，而是非常真實的。

保持健康的身體

一個愛整潔漂亮的人給人的第一印象比和不修邊幅的人要好。始終保持健美的體形具有很多重要的優勢。假如你身體健壯，你就有足夠的精力去運動，去駕車遊玩。從心理角度講，你就會得到更多的快樂和激情去與他人競爭。身體不健康的人的精力是有限的，他留給人的印象總是憔悴不堪。

學會善辯

雖然你不會贊成這種「好爭論印象」，但是，你應該知道，很多人喜歡爭執，他們由於爭論而成功地給別人留下了好印象。阿普里爾·彭斯是一個非常成功的小說家，因為她有時提出奇異聰明的觀點而很受廣播和電視臺的歡迎。她駁斥任何大眾化的觀點，她對任何事任何人都進行攻擊，她的思想具有很大的挑釁性。雖然，事實上我不同意她所說的一切，但是，她有趣的性格給我留下了深刻的印象。

爭取好聲譽

你是否考慮過為什麼有的人名聲多少年後仍為很多人銘記，而有的則漸漸走了下坡路，最終被人淡忘呢？若從「名譽印象」來考慮，這種現象就容易理解了。那些印象好的人所實現的理想當然比那些沒有贏得好印象的人多。人的命運不是機遇和「出牌算命」所能決定的，每個人都可以主宰自己的命運，做命運的主人，而不能有僥倖心理。

一旦你取得了好人緣，即使你的舉止偶爾與平常印象相悖，也無傷大雅。就像一個有名的畫家，有時也有劣作，但是假如他給人的印象特好，人們仍會購買他的作品。一個被聽眾歡迎的職業歌唱家可以因故不參加某晚演出，但他的聲譽絲毫不會受到影響。甚至法官也會做出錯誤的判決，但是，他做出的決定還會被接受，因為他過去有著光榮的歷史。可見，無論是誰，贏得好的印象的意義是深遠的，每個人都應根據自己的特點來爭取好的印象。

修練「糊塗」功

做人是一門學問，甚至是用畢生精力也未必能勘破個中因果的大學問，多少不甘寂寞的人求原究委，試圖領悟人生真諦，塑造出輝煌人生。然而人生的複雜性使人們不可能在有限的時間裏洞明人生的全部內涵，但人們對人生的理解和感悟又總是表現在事件的啟迪上，比如：做人不能太較真便是其中一理，這正是有人活得瀟灑，有人活得累的原因之所在。

做人固然不能玩世不恭，遊戲人生，但也不能太較真，認死理。「水至清則無魚，人至察則無徒」，太認真了，就會對什麼都看不慣，連一個朋友都容不下，把自己與社會隔絕開。鏡子很平，但在高倍放大鏡下，就成凹凸不平的；肉眼看得乾淨的東西，拿到顯微鏡下，滿目都是細菌。試想，如果我們「戴」著放大鏡、顯微鏡生活，恐怕連飯都不敢吃了。再用放大鏡去看別人的毛病，恐怕那傢伙罪不容誅、不可救藥了。

人非聖賢，孰能無過。與人相處就要互相諒解，經常以「難得糊塗」自勉，求大同存小異，有肚量，能容人，你就會有許多朋友，且左右逢源，諸事遂願；相反的，「明察秋毫」，眼裏不揉半粒沙子，過份挑剔，什麼雞毛蒜皮的小事都要論個是非曲直，容不得人，人家也會躲你遠遠的，最後，你只能關起門來「稱孤道寡」，成為使人避之唯恐不及的異己之徒。古今中外，凡是能成大事的人都具有一種優秀的品質，就是能容人所不能容，忍人所不能忍，善於求大同存小異，團結大多數人。他們極有胸懷，豁達而不拘小節，大處著眼而不目光如豆，從不斤斤計較，糾纏於非原則的瑣事，所以才能成大事、立大業，使自己成為不平凡的人。

不過，要真正做到不較真、能容人，也不是簡單的，需要有良好的修養，需要有善解人意的思維方法，需要從對方的角度設身處地地考慮和處理問題，多一些體諒和理解，就會多一些寬容，多一些和諧，多一些友誼。比如，有些人一旦做了官，便容不得下屬出半點毛病，動輒捶胸頓足，橫眉立目，屬下畏之如虎，時間久了，必積怨成仇。想一想天下的事並不是你一人所能包攬的，何必因一點點毛病便與人鬥氣呢？可如若調換一下位置，挨訓的人也許就理解了上司的急躁情緒。

在公共場所遇到不顧心的事，實在不值得生氣。素不相識的人冒犯你肯定是別有原因的，不知哪一種煩心事使他這一天情緒惡劣，行為失控，正巧讓你趕上了，只要不是侮辱了你的人格，我們就應寬大為懷，不以為意，或以柔克剛，曉之以理。總之，不能與這位與你原本無仇無怨的人瞪著眼睛較勁。跟萍水相逢的陌路人較真，實在不是聰明人做的事。假如對方沒有文化，一較真就等於把自己降低到對方的水準，更沒面子。另外，對方的觸犯從某種程度上是發洩和轉嫁痛苦，雖說我們沒有分攤他痛苦的義務，但客觀上確實幫助了他，無形之中做了件善事。這樣一想，也就容過他了。

有位智者說，大街上有人罵他，他連頭都不回，他根本不想知道罵他的人是誰。因為人生如此短暫和寶貴，要做的事情太多，何必為這種令人不愉快的事情浪費時間呢？這位先生的確修煉得夠可以了，知道該幹什麼和不該幹什麼，知道什麼事情應該認真，什麼事情可以不屑一顧。要真正做到這一點是很不容易的，需要經過長期的磨練。如果我們明確了哪些事情可以不認真，可以敷衍了事，我們就能騰出時間和精力，全力以赴認真地去做該做的事，我們成功的機會和希望就會大大增加。與此同時，由於我們變得寬宏大量，人們就會樂於與我們交往，我們的朋友就會越來越多。事業的成功伴隨著社交的成功，豈非人生一大幸事？

自知者明，自勝者強

所謂自知之明，指的是一個人要有客觀認識自己，正確評價自己和洞察事物的能力。人能夠做到自知之明，就不會求於物質，不為利益所誘，也就不會喪失自我，一個人只有正確認識自己、理解自己，才能自我完善、自我實現，自己戰勝自己的缺點和弱點，進而創造出自身的社會價值。

歷史上大凡通達世情的人都有自知之明，從他們身上我們看到自知之明者所具備的品質。

豁達大度，相容並包

《漢書・高帝紀》記載，劉邦擊敗項羽後，在洛陽開慶功宴，他要群臣評說戰爭勝敗原因，有人答道，「項羽量小妒人，陛下賞罰嚴明。」劉邦說：「你只說對其一，卻不知其二，若說運籌帷幄，出謀劃策，決勝千里之外，我不如張良；

鎮守後方，安撫百姓，籌集軍糧，我不如蕭何；統率大軍，攻城掠地，出奇制勝，我又不如韓信。他們都是難得的蓋世英傑。而我能夠重用他們，發揮他們的才能，這是我得天下的主要原因。項羽只有一個范增，還不能重用他，這就是他失敗的原因。」劉邦能客觀地認識自己，又能客觀地認識他手下的文官武將，正是有自知之明，亮出自己的管理才能，他才成就一代偉業。

潔身自好，不圖名利

據古書記載，公孫儀任春秋魯國宰相，因為愛吃魚，國人都爭著送魚巴結他，公孫儀拒不接受。他說：「正因為我喜愛吃魚，所以才不受魚」。他自知「愛吃魚」是個人嗜好，而不受魚是他的「自知之明」，他明白「吃人家嘴短，拿人家手軟」，他還明白「人一走茶就涼」的道理，身為宰相，有許多人逢迎送禮，一旦罷官，好魚抑或不好都會沒人理會。為求利丟了烏紗，得不償失。

先見之明，目光長遠

仕途險惡，沒有先見之明的人，必然是自以為是、自鳴得意、居功自傲、利令智昏，一旦為官，難免不遭禍患。可惜，能如嚴光那樣有自知之明的人實在少啊！

據《漢書》記載，嚴光與劉秀少年同遊，後來劉秀當皇帝，命他入朝為官，他卻躲了起來，他視「榮華富貴」如「草芥塵埃」，他深知「伴君如伴虎」，依他剛直的性格難免觸犯龍顏，與其彼時遭罪，不若隱居山中。可見，嚴光確實是個深解處世之道又有自知之明的賢人。

再來說「自勝者強」這句話。古人云「欲勝人者，必先自勝」，但是有的人不甘寂寞，敢於向阻礙自己前進的勢力挑戰，敢於向自我封閉的困境挑戰，他們相信自己有力量，能夠從禁錮中解脫出來，尋找機會，主動走出去。有一個家喻戶曉的典型例子，就是「毛遂自薦」。

有人把這個成語貶義化，但如果追查史料，會發現毛遂的成功不僅因為「自薦」，還因為「自勝者強」作基礎，沒有真才實學的自薦才是虛張聲勢，嘩眾取寵的舉動。從毛遂自薦中，我們可以清楚地看到一個人勇於為自己創造機會重要意義。

人貴有自知之明，無論嚴光還是毛遂，審時度勢，亮出自己或退或進，使自己達到完美。

理智大於情感

做人要有一定的智慧，這種智慧來自清醒的頭腦，來自對事物冷靜的認識。感情應時時受到理智的支配，一個情緒性太強的人大多被人視為神經質，這種人易給人造成一種不合群的感覺，人緣也便隨之而去，只有言談舉止始終保持常態，在公開場合上隨圓就方，才會在社會上取得別人的認同。這種隨圓就方，是贏得好人緣的又一個原則。

我們平時所遇到的事情或大或小，或間接或直接，其中涉及原則的事本沒有多少，在一些無關痛癢的小事上犯不上與人斤斤計較，特別是感情用事。比如公司裏某個同事就伊拉克的好壞談了一種觀點，雖然他的觀點過於偏頗，你也沒有必要情緒激昂地去與之辯出個結果來，否則，因為一兩句話傷了感情，實在得不償失。

如果，面對的是你的上司，一切工作，你只能提供意見，不要自作主張，等到定下計畫以後，你只要負責執行便可。至於執行的經過，必須有詳細記載，即使是極細微的地方，也不能稍有疏忽，這種一絲不苟，正是他所喜歡的。但是執行之中遇到的困難，你最好能夠自行排解，不必請示，多去請示反易貽誤，最好事後用口頭報告當時是如何應付的，他就會很高興。然而要注意的是，即使以後報告，也要力求避免誇張的口氣，雖然當時的確十分難辦，也要以平靜的口氣，加以輕描淡寫的好，如此反而更可表現你應變的本領。

如果他是你的部屬，應該明白他的長處在於做精細的工作，活動非其所長，他的工作能力也許不差，但他的工作速度卻未必很高。因此，工作數量不要派得太多，工作時間也不要限得太緊，數量太多，容易堆積，限期若逼得太緊會感到痛苦。他有功，應該予以適當的稱許；他有過，不要直斥其非，最好用旁敲側擊方法使他領悟。

如果，他是你的朋友，你要主動，多多幫他的忙，幫忙之後，還要面無驕矜，如此一來，他口中雖未必有所表示，心裏一定十分感激，這就是征服他的要訣。同時你要懂得利用他的長處，他的精細，有事和他商量，往往可以彌補你的不足，改正你的錯誤，同時這種人也必能守口如瓶，機密的事情，絕不會向第三者洩漏，實在是可與其深交；你還可以利用他的精細，必要時，把做完的工作請他復核一番，他的復核，絕不會只是隨便流覽，草草塞責，他自會平心靜氣，不惜功夫地替你精心校正，無微不至；你若是磐磐大才，疏漏自然在所難免，拾遺補缺就非得靠這類人不可。

冷靜的人，因為才能不能夠展開，魄力不夠雄厚，一般而言做老闆的較少，但必然是個好部屬、好朋友。理論上他適宜做學問，埋頭從事研究，不適宜於做事業，因為常會遇到應付不了的繁複的現實。他是長於就一個問題，向裏鑽研，不長於應付廣泛多變的環境，如果不得已而踏進事業界，很容易被大家忘記，你對他能夠花些心思，收為己用，正可以說是人棄我取。人棄我取，所得必多，誰說冷靜人不易相處？情根於性，有性必有情，應付得法，情無不動。

投資感情，收穫朋友

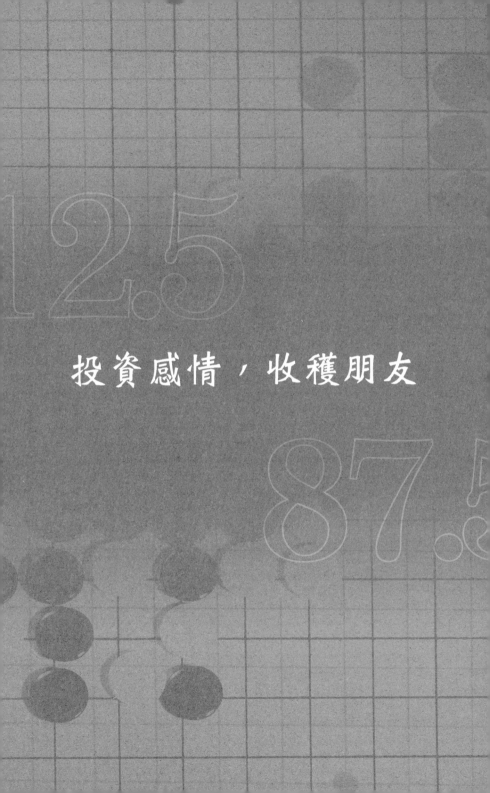

交友要有「彈性」

俗話說：一個籬笆三個樁，一個好漢三個幫。不管什麼人，只要在社會中生存，就必須靠朋友來幫忙，雖然有的朋友也不見得能幫你什麼忙，甚至還會拖累你，但沒有朋友卻會無路可走。

但朋友太多也會帶來煩惱。怎樣消除這些煩惱呢？這就要求我們交朋友時，要保持交友的彈性。

大部分人交朋友都「彈性不足」，因為他們太感情用事，多以個人好惡出發：有以下幾種情形：**看不順眼的不交；話不投機的不交；有過不愉快的不交。**

這種交友的態度也可以理解，但在現實中，我們不僅需要志同道合、推心置腹的知己，更多的時候，我們其實是在跟一般交情的普通朋友交往，這就需要我們不能單以好惡來決定是否交往，關鍵在於如何把握好其中的彈性。所謂的「彈性」是指：

沒有不能交的朋友

你看不順眼，或話不投機的人並不一定是「小人」，甚至還有可能是未來會對你有所幫助的人，你若拒絕他們，未免太可惜了。的確，話不投機、看不順眼還要「應付」他們，這樣做人也太辛苦了。但要想日後一步一成功，就是要有這樣的功夫，並且不能讓他們感覺你在「應付」他們。要做到這樣，唯有敞開心胸，拋除偏見，「海納百川，有容乃大」。

相逢一笑泯恩仇

某人得罪過你，或你曾得罪過某人，雖說不上彼此成仇，但心底確實不愉快；如果你覺得有必要，可主動去化解僵局，也許你們會因此而成為好朋友，或者只是關係不再那麼僵而已，但至少你少了一個潛在的敵人。這一點相當難做到，原因就是拉不下臉來。其實只要你願意做，在許多時候你的風度會贏得對方對你的尊敬，因為你採取了和解的態度給他面子了。如果他還是耿耿於懷，那是他的事。不過化解僵局要看場合和時機，不能太刻意，最好是有合適的自然而然的場面，那麼雙方都不會太尷尬，比如酒席上、對方離職時、升官時。

不是敵人就是朋友

有些人認為「不是朋友就是敵人」，這是一個致命的錯誤觀念，這樣做會使敵人一直增加，朋友一直減少，致使自己孤立；真正的應該是「不是敵人，就是朋友」，這樣就會朋友越來越多，敵人越來越少。

俗話說，人無千日好，花無百日紅。沒有永遠的敵人，也沒有永遠的朋友；敵人會變成朋友，朋友也會變成敵人，這是現實。當朋友因某種緣故而成為你的敵人時，也不必太憂傷感歎，因為有一天他有可能再成為你的朋友，有這樣的認知，就能以平常心來交朋友。

放下你的身架

身架是交朋友的一大阻礙，也是樹敵的一個原因，千萬不要以為你是博士，就不去理會一個工友，小人物在某些情形下也可能成為關鍵因素。所謂：寧可得罪君子，不可得罪小人，（這裏的小人指小人物）在「交朋友的彈性」這件事上，這種身架會使你交不到朋友。

能以這種彈性交友，怎麼會交不到朋友，怎麼會走不通路，做不了事？

慧眼擇友

俗話說，多個朋友多條路，朋友多了路好走。朋友相交以「誠」相待，此乃至理，那為何要把朋友分個等級，列個親疏呢？那不就不誠了嗎？

其實，把自己眾多朋友分個等級，列出親疏，對你以後辦事是有好處的。

有個地方官員，朋友無數，三教九流都有，他也曾向人誇耀，說他朋友之多，天下第一。

我是他的鄰居，當然也是他的朋友之一，我曾問他，朋友這麼多，你都同等對待嗎？

他沉思了一下，對我說：「當然不可以同等對待，要分等級的。」

他說他交朋友都是誠心的，不會利用朋友，也不會欺騙朋友，但別人來和他做朋友卻不一定是誠心的。在他的朋友中，真摯誠懇的朋友固然很多，但想從他身上獲取一點利益，心存他意的朋友也不少。

「對心有壞意，不夠誠懇的朋友，我總不能也對他推心置腹吧？那只會害了我自己呀！」

所以，在不得罪朋友的情況下，他把朋友分了「等級」：「刎頸之交」、「推心置腹」、「可商大事」、「酒肉朋友」、「點頭哈哈」、「保持距離」等等。

他就根據這些等級來決定和對方來往的密度和自己心窗打開的程度。

他曾說，「我過去就是因為人人都是好朋友，受到了不少傷害，包括物質上和心靈上的傷害，所以今天才會把朋友分等級」。

把朋友分等級聽來似乎無情，但聽了那位官員的話，我覺得分等級的確有其必要——為了保護自己免受別人傷害。

要把朋友分等級其實不容易，因為人都有主觀好惡，因此有時會把一片赤心的人當成一肚子壞水的人，也會把兇狠的狼看成友善的狗，甚至在旁人點醒時還不能發現自己的錯誤，非得等到被害了才大夢初醒。所以，要十分客觀地將朋友分等級十分難，但面對複雜的人性，你又不得不把朋友分等級。心理上有分等級的準備，交朋友就會比較冷靜客觀，可把傷害程度降到最低。

要把朋友分等級列親疏，對感情豐富的人可能比較難，因為這種人往往在對方尚未把你當朋友時，就已投入感情。而且把朋友分等級，他會覺得有罪惡感。

不過，任何事情都要經過學習，慢慢培養習慣，等到了一定年紀，自然熱情冷卻，不用人提醒，也會把朋友分等級了。

分等級列親疏，可像前述那位官員那樣分，也可簡單地分為「可深交級」及「不可深交級」。可深交的，你可以和他分享你的一切；不可深交的，維持基本的禮貌就可以了。這就好比客人來到你家，真正的客人請進客廳，推銷員之類的在門口應付應付就行了。

另外，也要根據對方的特性，調整和他們交往的方式。但有一個前提必須記住，不管對方智慧多高或多有錢，一定要是個「好人」才可深交，也就是說，對方和你做朋友的動機必須是純正的。不過，人常被對方的身份和背景所眩惑，結果把壞人當好人，這是很多人無法避免的。

如果你目前平平淡淡或不得志，那麼不必太急於把朋友分等級，因為你這時的朋友不會太多，能維持感情的朋友也應該不會太差。但當你有成就了，手上握有權和錢時，那時朋友就非分等級不可了，因為這時的朋友有很多是另有所圖。

無事也要勤拜佛

釣魚要有耐心，不可急躁，善於放長線的人才能釣到大魚。

讓朋友辦事也是一樣，只有耐心等待，才會有喜訊來臨。

某中小企業的董事長長期承包一些大電器公司的工程，因此，對這些公司的重要人物常施以小恩小惠，但這位董事長的交際方式高明之處是：他不僅奉承公司要人，對年輕的職員也殷勤款待。

誰都知道，這位董事長並非無的放矢。

事前，他總是想盡方法對電器公司中各員工的學歷、人際關係、工作能力和業績，作一次全面的調查，認為這個人大有可為，以後會成為該公司的要員時，不管他有多年輕，都盡心款待。這位董事長這樣做的目的是為日後獲得更多的利益作準備。

這位董事長明白，十個欠他人情債的人當中有九個會給他帶來意想不到的收益。他現在做的「虧本」生意，日後會利滾利地收回。

所以，當他所看中的某位年輕職員晉升為科長時，他會立即跑去慶祝，贈送禮物，同時還邀請他到高級餐館用餐。年輕的科長很少去過這類場所，因此對他的這種盛情款待自然倍加感動，心想：我從前從未給過這位董事長任何好處，並且現在也沒有掌握重大交易決策權，這位董事長真是位大好人！無形之中，這位年輕科長自然產生了感恩圖報的意識。

正在受寵若驚之際，這董事長卻說：「我們企業公司能有今日，完全是靠貴公司的抬舉，因此，我向你這位優秀的職員表示謝意，也是應該的。」這樣說的用意，是不想讓這位職員有太大的心理負擔。

這樣，當有朝一日這些職員晉升至處長、經理等要職時，還記著這位董事長的恩惠。因此，在生意競爭十分激烈的時期，許多承包商倒閉的倒閉，破產的破產，而這位董事長的公司卻仍舊生意興隆，其原因是由於他平常關係投資多的結果。

縱觀這位董事長的「放長線」手腕，確有「老薑」的「辣味」。這也揭示求人交友要有長遠眼光，儘量少做臨時抱佛腳的買賣，而要注意有目標的長期感情投資。同時，放長線釣大魚，必須慧眼識英雄，才不至於枉費心血。

君子之交在於心

真正的朋友之間的溝通是不帶任何功利目的的，其真諦在於心靈的溝通。古語說，君子以淡泊相親，小人以利相親。真正的朋友，其關係絕不能以利益來維繫，那樣只能是為人們所唾棄的「酒肉朋友」。君子之交，應重在心靈的交流。

朋友交往應該是「淡而不斷」。交往過密便有勢利之嫌，而斷了「來往」，時間便會無情地沖淡友情。特別是在生活節奏加快的今天，朋友之間很難有機會在一起聊天、交流，需要注意友情的維護，比如平時多打一些電話，相互問候一番，也會加深感情的作用。

朋友之間超脫利害關係的交往會使雙方更加珍視友情。有一次德國詩人海涅收到一位友人的來信，拆開信封，裏面是厚厚的一捆白紙，一張一張緊緊包著，他拆開一張又一張，總算看到最裏面的一張很小的信紙，上面鄭重其事地寫著一句話：「親愛的海涅，最近我身體很好，胃口大開，請君勿念。你的朋友路易。」

過了幾個月，這個叫路易的朋友收到了海涅寄來的一個很大很沉的包裹。他不得不請人把它抬進屋裏，打開一看，竟是一塊大石頭，上附一張卡片，寫道：「親愛的路易，得知你身體很好，我心上的石頭終於掉了下來。今天特地寄上，望留作紀念。」

這肯定會成為路易一生中最難忘的一封信。他給海涅的信有些「小題大作」，而海涅的回信卻也生動形象，他以大石頭比喻對朋友的擔憂，以「石頭落地」表示收信後的放心和輕鬆。這不僅展現了朋友之間的隨和與坦誠，更讓人感到朋友的熱情和友愛。

為有源頭活水來

按中國傳統心態來看，交友不應該有目標，應該「以情會友，別無所求」，應該奉行一種無為哲學。誰要是在交友中注重了交往對象的使用價值，然後想盡方法接近他、利用他，這就被認為「太勢利」。

但根據現代社會的交際觀念，社交有三個基本目標：資訊共用、情感溝通和相求相助。我們不能只強調資訊共用、情感溝通而拒絕相求相助。我們不能把相求相助都當成「勢利」來看待。

我們不妨設想，有這麼一個人，他既不能與你資訊共用、情感溝通，也不能與你相求相助，你會與他交朋友嗎？恐怕不會。可見，人際交往還是有選擇的，選擇就是一種目標的表現，拒絕目標，也就是拒絕交往。

交朋友是建立關係的最好途徑，而建立「關係」可以用一個簡單的分式來說明。首先，要認清目標，接著找有相同需求的人，最後與之聯繫，建立關係。也就是說：

目的＋有相同需求的人＝關係

有人單靠直覺建立「關係」，有人則要努力不懈，才能拓展一點「關係」。前者往往難以預料結果如何；後者比較知曉拉關係的「天時地利」。

「關係」通常要花一點功夫才能取得。一家公司若在兩個月內即將面臨大裁員或破產的打擊，員工應該早有所聞，有人像無頭蒼蠅不知如何是好，有人則已悄悄打電話聯絡，尋找下一個工作機會，以免和公司「同歸於盡」。這些人一定比張惶失措的同事先找到工作，之後也會繼續靠「關係」，追求更卓越的生涯。

事實上，「關係」對他們來說就是生命線。和外界保持某種程度的「關係」，消息才會靈通。要是問他們這些「關係」是怎麼來的，恐怕他們也答不上來。這種事並非是鬼鬼祟祟、見不得人的勾當，而是一般人成功的秘訣。他們瞭解「團結力量大」的道理，也尊重人與人之間的差異。最後，練成在最不可能的地方得到情報的神功。

善於拓展「關係」的人，不管是在宴會、洽淡公事或私人聚會上，總是會掌握時機。對這些「溝通大師」而言，人生就是一場歷險——會議室、酒吧、街角、餐廳甚至在澡堂裏，處處都可以「增廣見聞」。只要你多走動必有收穫。

總而言之，朋友之間總存在一定的需求，因此，一定要尋找機會滿足對方的需求，「源頭」多了，「活水」自然取之不盡，用之不竭，辦起事來就容易多了。

要會雪中送炭

當朋友遇到困難的時候，要幫助他揚起前進的風帆；當朋友失卻信心時，要鼓勵他點燃自信的火焰；當朋友感到苦惱時，要用體貼去滋潤他的心田；當朋友取得成績時，要提醒他準備迎接更大成功。

我們既然交了朋友，就要常懷一顆幫助朋友之心，使朋友感覺到自己的存在，感到友情的溫暖與善良。

幫助朋友是一件非常有意義的事，但怎樣幫才幫得更有意義，這似乎值得探討。

當朋友處境貧寒時，我們拿出一些財物來相助，對於朋友度過難關比較有意義，但是，作為真正的朋友，你更應該想到他的今後。那麼，除了財物，幫助他立身才更重要。作為有志者，**立身的關鍵之一是改變觀念。使他不要帶有「我是何種人，應該只做何種事情」的框框，把眼光放得更遠一些，想一想為了達到目**

標，除了捷徑之外還有曲徑，曲徑能通幽，照樣能達到目標；立身的關鍵之二是改變位置。要使他明白自己的境地是死地，只有從被動的等待中解脫出來，變為主動進攻，才能從根本上走出困境；立身的關鍵之三是改變形象。使他徹底消除自卑的心理，去勇敢地面對未來，大膽迎接命運的挑戰。有了這三個立身之寶，還怕朋友擺脫不了厄運的枷鎖嗎？

那麼，當朋友身就高位的時候，往往是花團錦簇，榮華富貴，在這種情況下，他需要朋友幫什麼呢？作為朋友，你主要是幫他立德。立德的關鍵之一是戒驕。防止因驕傲自滿而放鬆自我修養，防止因居高臨下而輕慢他人，更防止因有權有勢而惹事生非；立德的關鍵之二是正名。位置越高越容易招來議論，議論中必然有褒有貶，作為朋友，應該幫助他樹正名，維護他的威信；立德的關鍵之三是批評。人所處的位置越高，越不容易聽到反面的聲音，作為朋友，如果真心關心他，就應該經常對他進行批評和提醒，使他保持清醒的頭腦。

尊重朋友的隱私

尊重他人隱私，是尊重他人的表現。

羅曼・羅蘭說：「每個人的心底，都有一座埋葬記憶的小島，永不向人打開。」馬克・吐溫也說過：「每個人像一輪明月，他呈現光明的一面，但另有黑暗的一面從來不給別人看到。」這座埋葬記憶的小島和月亮上黑暗的一面，就是隱私世界。有的人在交朋友時，隨便侵入朋友的隱私地帶。他們認為，朋友之間，應該推心置腹，坦誠相見，所以就不存在什麼隱私。抱有這種觀點並侵入朋友隱私世界的人，是不可能交到朋友的，而且還會傷害到別人。不錯，朋友之間是應該坦誠相見，推心置腹，但在隱私問題上，這一道理是行不通的。如果要交朋友，就不要侵入朋友的隱私世界。

在隱私世界中，一般總是有些令人不快、痛苦、羞恨的事情，比如戀愛的破裂，夫妻的糾紛，事業的失敗，生活的挫折，成長中的過失，感情上的糾葛……隱私不對他人造成威脅，不給社會帶來危害。你的朋友，不論對你如何親密無間，不分你我，都有權利把隱私埋葬起來，不向你透露，不給你看到。你尊重朋友，就要避免打聽朋友的隱私。這不是冷漠，而是善解人意的表現。知道了朋友的隱私，對朋友、對自己只有壞處，沒有好處，給朋友增加了心理負擔，給自己增加了保密的責任感。有的人就好打聽別人的隱私，津津樂道，以此為快，這是不健康的心態，是趣味低級和作風庸俗的表現，這是品行端正、情操高尚的人所不齒和不為的。有的人好翻朋友的抽屜，亂拆朋友的信件，擅自翻閱朋友的日記，自詡親密待人，不分你我。這樣做不但惹人生厭，而且暴露了你的不良品行，降低了你的人格。此外，朋友不成熟的構思設想、未完成的論文、報告，也不要隨便打聽、洩露，以免破壞情緒，干擾思維，影響朋友的工作。

如果你知道朋友的隱私，最好把它從記憶中抹掉，至少也要把好嘴巴這道關口，守口如瓶，不讓其洩露出來。撕開朋友痊癒的傷疤，暴露朋友的秘密，只能使朋友尷尬、不快，飽嘗痛苦和羞恨，而且會給搬弄是非的小人提供中傷、打擊、散佈流言蜚語的材料。對朋友的隱私，更不可到處宣揚，或以此要脅，否則簡直是潑皮行徑、小人伎倆。到這步田地，友誼已蕩然無存，有的只是敵意、較量。

朋友心裏面存有隱私是非常合理的事情，我們要給予尊重，讓朋友保留一片秘密的天空。好奇之心，希望知道朋友的隱私之情，也在所難免。可我們要懂得克制。侵入朋友隱私世界的結果只能給自己和他人帶來不利。

勢利之交，難以久遠

純真的友誼是人生最美好的東西，它摒棄了人世間的卑鄙與狡詐等醜惡，而優之於思想情感的默契和支持。真正的友誼最怕摻假，摻了假的友誼就會像放在陰暗角落裏的蘋果，最終會黴爛變質。

友誼，是一個充滿人情味的閃光字眼，真正的友誼沒有銅臭味，會使金錢在它面前暗淡。因為，友誼總是比錢財高尚。而貪財者，卻把錢財看得比友誼更重，他們不懂得「友誼」的真正含義，他們之所以交朋友，只是為了錢財。

有這樣一個故事：兩人進山尋寶，滿載而歸。過河時河水猛漲，其中一人見勢不妙，把身上帶的一袋金子扔在河中，自己逃命而歸；另一人則怕水沖走金子，把口袋緊緊抱在懷裏，結果行動不便，被洪水沖走了。

從此例我們可以發現，貪財者視財如命，為了得到錢財不惜丟掉生命，命都不珍惜的人，很難說會珍惜友誼和朋友。一旦朋友成為他獲得錢財的障礙，或者說朋友可以用來換錢財，這種錢財的奴隸會對朋友不管不顧，即使是交往多年的朋友也不例外！

所以我們一旦碰到貪財者，最好繞道而行，設法讓自己不去靠近他，也不要讓他靠近你。這一點在交朋友時要千萬記住。

不義之徒把友誼看得非常淡，他對朋友總是懷著功利的眼光去打量。一旦發現朋友有利可圖，就立即把友誼、朋友等字眼拋向一邊置之不理，想盡一切辦法去獲取「利」，這種人愛用花言巧語誘騙人。與不義之徒交朋友，會讓你吃大虧，而且得不到真正的朋友。

諸葛亮於《論文》中說：「勢利之交，難以久遠。」這句話很有道理。「勢利眼」兩眼只看權勢、利益，並以權勢、利益作為交友準則。他們最喜歡也最善於趨炎附勢。不管你發跡也好，還是有權勢也好，只要在你身上他們感到有利可圖，有勢可攀，他們就趕緊跑到你身邊圍著你團團轉，討好你，與你交朋友。一旦罩在你身上的權勢的光環消失了，他們便不勸自退，轉向別的有勢利的人了。

與「勢利眼」交朋友確實是有害無益。春秋末年，晉國的中行文子逃亡，從一個縣城經過。隨從說：「這個地方有個鄉官，是您的老相識、老朋友，為什麼不在這兒歇歇腳，等等後面的車子？」文子說：「我曾經喜好音樂，這個人就送給我鳴琴，又聽說我喜歡玉佩，他就贈給我玉環。他這是助長我的過錯，以討好我，現在恐怕他要把我出賣去討好別人了。」於是很快離開了這個縣城。果然後來這個鄉官扣留了文子後面的兩輛車，獻給了自己的國君。

勢利的人最難成為同舟共濟的依靠，與他們交朋友，尤其與他們一起共事時，他會讓你感覺很難捉摸，沒有任何規律可依。本來你們共同制定好了計畫，決定在哪些時間完成哪些事情，但由於他的「漂移性」，使計畫十有八九不能實現。「漂移性」過強的人像一股亂刮的風，一會兒刮到你身邊，一會兒又刮到別處，與這種人，怎能深交？

我們在廣交朋友時一定要知道選擇，尤其是想交到真正的朋友時，更應該將圈子縮小一些，魯迅講過：「人生得一知己足矣。」我們不要無所選擇地將人人都要交成知己！

諍友清垢

諍友，是人生最難得的，它時刻把忠言送上心頭。雖然不如甜言密語令人陶醉，卻能清除你心靈的一切塵垢。

人的一生受到朋友的影響相當大，很多人因為朋友而成功，也有很多人因朋友而失敗，甚至因朋友而傾家蕩產，妻離子散。

害怕因朋友而失敗，那不交朋友可以吧？

事情並不是那麼簡單，沒有朋友，也就差不多無路可走，寂寞一生，即使你閉緊心扉，還是會有人來用力敲。當有人來敲你的心扉時，你應還是不應？應的話，可能那是個壞朋友，不應的話，可能失去一個好的朋友。

因此，你總是要面對「交朋友」這個問題。交到好的朋友，你會受益一生，得到無限樂趣，至少不會受到傷害。而若交到壞的朋友，想不走入歧途、不倒楣都不可能。

一樣米飼百樣人，人有很多種，在對待朋友的態度上自然也有很多種類型，有每天說好話給你聽的，有看到你不對就批評、指責你，有熱情如火、喜歡奉獻的，也有冷漠如冰，只考慮個人利益的；有憨厚的，也有狡詐使壞的……。

這麼多類型的朋友，好壞很難分辨，而當你發現他壞時，常常是來不及了，因此平時的交往經驗極為重要。

不過有一種類型的朋友肯定值得交往，那就是會批評、指責你的諍友。

和只會說好話的朋友比起來，那些只知道批評、指責的諍友是令人不大舒服，因為他說的都是你不喜歡聽的，你自認為得意的事向他說，他偏偏潑你冷水，你滿腹的理想、計畫對他說，他卻毫不留情地指出其中的問題，有時甚至不分青紅皂白地就把你做人做事的缺點數說一頓……反正，從他嘴裏聽不到一句好話，這種人要不讓人討厭也真難。

但是這種朋友，如果你放棄，那就太可惜了。

基本上，在社會做過事的人都會儘量不得罪人，因此多半是寧可說好聽的話讓人高興，也不說難聽的話讓人討厭。說好聽的話的人不一定都是「壞人」，但如果站在朋友的立場，只說好聽的話，就失去了做朋友的義務了；明明知道你有缺點而不去說，這算什麼朋友呢？如果還進一步「讚揚」你的缺點，則更是別有用心了。這種朋友就算不害你，對你也沒有好處，大可不必浪費時間和這樣的人交往。

但實際上的情形如何呢？很多人碰到光說好話的朋友便樂陶陶，不知是非了；其實他們順著你的意思說話，讓你高興，為的就是你的資源——你的可以利用的價值，很多人被朋友拖累就是這個原因。

比較起來，那些讓你討厭，像隻烏鴉，光說難聽的話的朋友就真實得多了。這種人絕對無求於你（不挨你罵，不失去你這個朋友就很不錯了），他的出發點是為你好，這種朋友是你真正的朋友。

也許你不相信，那麼想想父母對待子女好了。

一般父母碰到子女有什麼不對，總是責之、罵之，子女有什麼「雄心壯志」，也總是想辦法替他踩踩煞車，不讓他脫韁而去；為的是什麼？是為子女好，怕子女受到傷害，遭到失敗。這是為人父母的至情，只有父母才會這麼做。

朋友的心情也是如此，否則他為何要惹你討厭？說些好聽的話，你說不定還會給他許多好處呢！

只有經常批評、指責你的人才是你人生的導師。

突來的熱情背後

如果你和某人只是普通朋友，雖然也一起吃過飯，但還談不上交情；如果你和某人曾是好友，但有一段時間未聯絡，感情似乎已經淡了……。

但突然有一天這樣的人突然對你熱情起來，那麼你應該有所警覺，這種行為表示他可能對你有所圖。之所以用「可能」這二個字，是為了對這樣的行為保持一份客觀，避免以小人之心度君子之腹，誤解對方的好意；人是有感情的動物，他有可能在一夜之間，因為你的言行而對你產生無法抑制的好感，就像男女互相吸引那樣，不過這種情形不會太多，你也要儘量避免這種聯想，碰到突然升高熱度的友情，只有冷靜待之，保持距離，才不會被燙到。

要分析這種「友情」是否含有「企圖」並不難，首先是看看自己目前的狀況，是否掌握有資源，例如有權有勢？如果是，那麼這個人有可能對你有企圖，想透過你得到一些好處；如果你無權也無勢，但是有錢，那麼這個人也有可能會向你借錢，甚至騙錢；如果你無權無勢又無錢，沒什麼好讓別人求的，那麼這突然升熱的友情基本上沒有危險——但也有可能「項莊舞劍，意在沛公」，是想利用你這個人來幫他做些事，例如有些人就被騙去當勞力；或是重點在你的親戚、朋友、家人，而你只是他過河的踏腳石。

從自己本身的狀況檢查這突然升熱的友情真的有沒有「危險」之後，你的態度仍要有所保留，因為這只是你的主觀認定，並不一定正確，所以面對這突然升高熱度的友情，你要做到以下幾點：

不推不迎

「不推」是不回絕對方的「好意」，就算你已經看出對方的企圖也不要立即回絕，否則很可能立即得罪一個人；但也不可迫不及待似的迎上去，因為這會讓你抽身不得，抽了身又得罪對方，把自己變得很被動；不推不迎就好比男女談戀愛，回應得太熱烈，有時會讓自己迷失，若突然斬斷「情絲」，則會惹惱對方。

冷眼以觀

「冷眼」是指不動情，因為一動情就會失去判斷的準確性，此時不如冷靜地觀看他到底在玩什麼把戲，並且做好防禦，避免措手不及。一般來說，對方若對你有所圖，都會在一段時間之後就「圖窮匕現」，顯現他的真目的，他不會跟你長時間耗下去的。

禮尚往來

對這種友情，你要「投桃報李」，他請你吃飯，你送他禮物；他幫你忙，你也要有所回報，否則他若真的對你有所圖，你會「吃人嘴軟，拿人手短」，被他牢牢地控制住；想要臨事脫逃？恐怕沒那麼容易。

要記住：害人之心不可有，防人之心不可無。

坦蕩的內涵不能曲解

過猶不及，真誠坦率也是如此。

鮑伯一直認為自己在理智地選擇朋友。他最不屑於與那些虛偽做作、口是心非的人攀談。

但後來碰到的一件事使他面臨困惑。一次，鮑伯去參加一個聚會，有一位作者為人坦蕩，性格豪爽，說一不二，認準一個方向絕不回頭。鮑伯認為這自然是一個可以結交的朋友。

但幾天相處，大家都感到與他在一起很尷尬。比如他坦蕩得無所拘束，什麼粗話都說得出口，豪爽得不拘小節，把沒洗過的腳擱在桌面上，與他交談，從來沒有商量妥協的餘地。他說話辦事不看場合，不理解對方的難處，一句話就可以把對方說得跳起來。後來，眾人只能對他敬而遠之，遠而避之。

鮑伯為此感到困惑！我們不是一直提倡真誠坦率嗎？為什麼對這位朋友卻有無

法相處之感呢？

後來，鮑伯漸漸想明白了。真誠坦率是指一個人本質的內涵，在具體問題上，我們應該有彈性。

陶淵明不為五斗米折腰的故事被歷代傳誦，世人都認為他淡泊、超然，是個了不起的人。但陶淵明不為五斗米折腰，是因為他家裏還有人替他種田，讓他悠然望南山。這個「不折」，也是有條件的灑脫，這一段話很可以為我們如何為人處世提供借鑒。

青年人崇拜瀟灑，熱愛真誠，這是值得鼓勵的。但瀟灑與真誠都是有條件的，沒有一定的物質條件，就不可以瀟灑。陶淵明如果沒有人為他種田燒飯，他餓了三天三夜，還有力氣去採菊花嗎？還有興致去看南山嗎？真誠，同樣有前提，我們對朋友可說真話，直露腑肺，傾心交談，但並不是對一切人，而且說真話也要看場合。

生活中的有些青年人往往把真誠坦蕩的內涵曲解了，他們認為真誠就是想到什麼說什麼，想到什麼做什麼，但把臭腳擱在桌子上與人聊天，自然不會讓人感受到美妙。由此可見，具有理性的文明人應該在性格上具有一定彈性。所謂彈性，就是能屈能伸，剛硬粗大的樹枝易於折斷，而細柔的藤條卻不脆弱，因其堅韌，才使它充滿活力。在大是大非上，我們應該像堅硬的樹幹一樣剛直不阿，但在一些細小的問題上，我們又必須像細柔的藤條一樣顯示它的靈活性與多變性。

從言談中籠絡人心

要開得體的玩笑

人們談心、聊天，開個得體的玩笑，可以鬆弛神經，活躍氣氛，創造出一個適於交際的輕鬆愉快的氣氛，因而詼諧的人常能受到人們的歡迎與喜愛。但是，開玩笑開得不好，則適得其反，傷害感情，因此開玩笑要掌握好分寸。

開高雅的玩笑

笑料的內容取決於玩笑者的思想情趣與文化修養。內容健康、格調高雅的笑料，不僅給對方以啟迪和精神的享受，也是對自己美好形象的有力塑造。鋼琴家波奇一次演奏時，發現全場有一半座位空著，他對聽眾說：「朋友們，我發現這個城市的人們都很有錢，我看到你們每個人都買了二三個座位的票。」於是這半場聽眾放聲大笑。波奇無傷大雅的玩笑話使他立刻贏得了聽眾的熱情。

開友善的玩笑

與人為善，是開玩笑的一個原則。開玩笑的過程，是感情互相交流傳遞的過程，如果藉著開玩笑對別人冷嘲熱諷，發洩內心厭惡、不滿的感情，那麼除非是傻瓜才識不破。也許有些人不如你口齒伶俐，表面上你占到上風，但別人會認為你不能尊重他人，進而不願與你交往。

行為要適度

開玩笑除了可藉助語言外，有時也可以透過行為動作來逗別人發笑。有對小夫妻，感情很好，整天都有開不完的玩笑。一天，丈夫擺弄鳥槍，對準妻子說：「不許動，一動我就打死你！」，說著扣動了扳機。結果，妻子被意外地打成重傷。可見，玩笑千萬不能過度。

對象要分清

同樣一個玩笑，能對甲開，不一定能對乙開。人的身份、性格、心情不同，對玩笑的承受能力也不同。

對方性格外向，能寬容忍耐，玩笑稍微過大也能得到諒解。對方性格內向，喜歡琢磨言外之意，開玩笑就應慎重。對方儘管平時生性開朗，假如恰好碰上不愉快或傷心事，就不能隨便與之開玩笑。相反的，對方性格內向，但正好喜事臨門，此時與他開個玩笑，效果會出乎意料地好。

此外，還要注意以下幾點：

■和長輩、晚輩開玩笑忌輕佻放肆，特別忌談男女情事。幾輩同堂時的玩笑要高雅、機智、幽默、解頤助興、樂在其中。在這種場合，忌談男女風流韻事。當同輩人開這方面玩笑時，自己以長輩或晚輩身份在場時，最好不要摻言，只若無其事地旁聽就是。

■和非血緣關係的異性單獨相處時忌開玩笑（夫妻自然除外），哪怕是開正經的玩笑，也往往會引起對方反感，或者會引起旁人的猜測非議。要注意保持適當距離。當然，也不能拘謹彆扭。

■和殘疾人開玩笑，注意避諱。人人都怕別人用自己的短處開玩笑，殘疾人尤其如此。俗話說；不要當著和尚罵禿兒，癩子面前不談燈泡。

■朋友陪客時，忌和朋友開玩笑。人家已有共同的話題，已經成和諧融洽的氣氛，如果你突然介入與之玩笑，轉移人家的注意力，打斷人家的話題，破壞談話的雅與，朋友會認為你掃他面子。

場合要適宜

美國總統雷根一次在國會開會前，為了試試麥克風的音量，張口便說：「先生們請注意，五分鐘之後，我對蘇聯進行轟炸。」一語既出眾皆譁然。雷根在錯誤的場合、時間，開了個極為荒唐的玩笑。為此，蘇聯政府提出了強烈抗議。

總而言之，在莊重嚴肅的場合不宜開玩笑。開玩笑不能過分，尤其要分清場合和對象。

牢記「禍從口出」

古人在談及人生和歷史的經驗教訓時，多次談到這樣一句話，即：「君子慎言，禍從口出。」就是說，作為一個君子，不要對人、對事妄加評說，有些事自己心裏明白就行，有些話能不說就不說。說話多了，往往會有失誤，或者攻擊了別人，會成為別人攻訐的口實。

因此，洪應明先生道：「**十語九中未必稱奇，一語不中則愆尤並集；十謀九成未必歸功，一謀不成則訾議叢興。君子所以寧默勿躁，寧拙無巧。**」這段話的意思是說：做人要謹言慎行。即使十句話你能說對九句也未必有人稱讚你，但是假如你說錯了一句話就會立刻遭人的指責；即使十次計謀你有九次成功也未必得到獎賞，可是其中只要有一次失敗，埋怨和責難之聲就會紛至沓來。所以一個有修養的君子，為人寧肯保持沉默寡言的態度，不驕不躁，寧可顯得笨拙一些，也絕對不要自作聰明，喜形於色溢於言表。

如果說一句話而壞風俗，而損名節，而揭人隱私，這樣的話，害處就太大了，離災禍臨頭也不遠了。這樣的話，斷然不可說。一個人有缺點，有錯誤，你不妨指出來，讓他改正，但前提是你必須很瞭解他，他能接受你的批評。不然，你說也是白說，還會結下仇怨。如果你還多言，可真是「鹹吃蘿蔔淡操心」了。「譽我則喜，毀我則怒」，本是人之常情。聰明的人知道，別人可以將毀譽加於我，我不可以將毀譽加於人。

唇齒之傷，甚於猛獸；刀筆之烈，慘於酷吏。只是一句話罷了，卻可以侮辱一個人，並辱其子孫，並辱其祖先，那種傷慘的感情，會積攢數世，不但一般人會尋機報復，就是天理也不容。

用偏見來論說古今的大道理，仗著小聰明來談說天下的大事，只此一端不及其餘，其實於理不通，於事不周，而又對批評意見聽不進去，私逞其強，剛愎自用，這是天下大害。

沒有善惡之心，常作諂媚之態，工逢迎之計，習善柔之辭，這種人不僅難成氣候，最終會害人害己。

為人過於忠厚，不存戒心，把心裏的話都掏出來，逢人便是知己，終會被小人利用。

俗語道：害人之心不可有，防人之心不可無。在言辭上，也應如是。

當人人都存有戒心時，會對別人說的話仔細品味，誤解的時候很多。同樣一句話，在不同場合，對不同的人，會發生不同的效果。中華民族，又是一個缺乏幽默感的民族，你偶爾說一句幽默的話，可能會讓人不快，這真是吃力不討好。

呂坤在《呻吟語》中說：「到當說處，一句便有千鈞之力，卻不激不疏，此是言之上乘，除此雖十緘也不妨。」這是說，保持沉默比說許多廢話有益處。

別輕易說「你錯了」

改變人的態度，實際上就意味著他人的態度不符合我們的要求。或者說，你所以要改變對方的態度，是因為你認為他的態度是不好的，甚至是錯誤的。即使如此，你也要切記：在勸說對方的時候，不要「率直」地說「你錯了」，或者說「你不應該持有這種不正確的態度」之類的話。如果你這樣說了，不但改變不了對方的態度，還會弄巧成拙，招致對方的反感或產生敵對情緒。

人們一般都有肯定自己的傾向，渴望自己的能力為別人所承認，並確信自己的態度和行為是「合理的」。如果我們在勸說時不照顧別人的這種自尊心，開門見山，直截了當地說：「你錯了，理由有如下幾條」，這等於完全否定了對方的能力，說對方愚蠢，是個笨蛋，不能正確地認識、分析各種問題，結果只能傷害對方的自尊心，使他感到丟失了臉面，喪失了尊嚴。這時，縱使你掏出心給他看，也往往無濟於事，他可能不再聽你的勸說，而是努力防衛或抗拒，以挽回丟失的臉面，重新樹立自己的尊嚴。為此，他會為自己的態度找出種種辯護理由，甚至強詞奪理。

我們自己也可以平心靜氣地想，如果我們已經覺得自己真的錯了，可是，還有人不顧我們的自尊，一再地指出我們的錯誤，那麼，我們是不是也會覺得難堪，而有可能奮起反擊，頑固地申辯說自己是對的呢？又有誰不想努力地保護自我的形象，以免使它受到傷害呢？

這就是說，人人都有自我保護的「本能」，都忌諱別人直接指出自己的錯誤。既然如此，我們在勸說別人的時候，就得多加注意，不要輕易讓「你錯了」說出口，尤其是千萬不要強迫人家當面承認錯誤，而是要採取一些溫和委婉的形式，巧妙地暗示出他錯在哪兒。比如，在剛開始交談時就說：「我有一個不太成熟的想法，請你幫我分析分析，看看可行不可行？」這樣，對方對你的問題可能引起好奇心，不知不覺地與你討論起來。在討論的過程中，你就可以藉機地「推銷」你的「產品」了。當然，為了不引起對方的戒心，在開始交談的時候，還需要扯一些與主題無關的「家常話」，這是一個必要的「預熱」過程。這可不是「弄景」，這是出於對對方的尊重。「景」是「假」的，但「假」戲一定要真做。這樣，才容易讓對方接受你的勸告。

總之，在遇到錯誤觀點時，不要真說「你錯了」，一定要注意維護對方的顏面，保護他的尊嚴。過分直率地指出對方的錯誤，等於剝奪了對方的尊嚴，撕破了對方的臉面，也等於宣佈自己是不被對方歡迎的人，這樣，即使你的意見再好再有用，也難以讓它發揮出「效益」來。

讓忠言不逆耳

與人交往的過程中微笑以待、和善相處是很重要的，但這只是一種前提。要想與某人的關係更進一層，除了一般的關懷和讚美外，還要善於對他的缺點提出善意的批評。對他的不足提出忠告，這樣往往能贏得對方的信任，甚至將自己視為他的知己。

良藥苦口利於病，忠言逆耳利於行。忠告的話聽起來一般都讓人難以接受，甚至會引起反感或抵抗，取得相反的效果。商朝末年，紂王昏庸無道，丞相比干多次進諫，紂王非但不聽，還下令將比干剖心處死。在商業行為中，對上司提出忠告很有可能招致嫉妒，結果自己被炒，走人了事；下屬的忠告也往往引起他們的不滿情緒。那麼，怎麼進行忠告呢？

忠告首先應該是對他誠心誠意的關懷。當你對某人提出批評時，如果對方發現你並不是為了關心他才批評他，而是出於你個人的某種意圖，他馬上會站到與你敵對的立場上。

忠告要想獲得成功，必須瞭解真實情況，不要捕風捉影。只有瞭解了事實，你才能清楚地判斷是否有必要提出忠告，提出忠告的角度怎麼選擇，忠告以後會有怎樣的效果。如果你是公司的一位職員，你對公司的計畫背景缺乏瞭解就對其提出看法，你不可能獲得上司的信賴，相反的，他會認為你思考問題不夠周到。不瞭解朋友的意圖就對他的行為妄加非議，他會認為你對他沒有盡一個朋友的責任。

憑藉聽到的資訊忠告別人，容易引起誤解。這時補救的辦法是與他溝通，聽聽他怎麼說，等瞭解清楚事實之後再想辦法消除誤解。

掌握了事實真相和對方的心理，就該拿出勇氣來忠告，指出他應該改善的錯處。當然要注意你的措辭，得罪了人是無法取得成功的。

「現在的年輕人自以為是」，「別理他，反正我們沒有損失」，「這樣太可笑了……」作為一名領導者，諸如此類的措辭永遠都是失敗的，上司有指導屬下的義務，對下屬應有深切的愛護之情，以懇切的忠告作為幫助他們進步的動力，能夠很快地獲得愉快的人際關係，如果害怕得罪人，一味地保持緘默，做個老好人，最終是無法獲得良好的人際關係。

對人提出忠告的時候，應該抱著體諒的心情。他誠然在某些方面做得不對，但是他可能有難言的苦衷。所以在提出忠告的時候，還要體諒他的難處，不要一味地強求或大加責難。必要的時候要深入他的內心，幫助他徹底地解決「心病」。

要注意，提出忠告，切忌在大庭廣眾之下提出忠告。因為提出忠告的時候必然涉及他的短處，觸動他的傷疤，而每個人都有自尊心，被當眾揭短時，情面上很容易下不了臺，進而很容易產生抵觸情緒。在這種情況下，即使你是善意的，他也會認為你是在故意讓他當眾出洋相。

在當事人感情衝動的時候不適合提出忠告，因為在他衝動的時候，理智產生不了半點作用，他也判斷不清你的用意。這時提出忠告，不僅不能解決問題，反而火上澆油。

提出忠告的時候，要注意簡潔中肯，按照「一時一事」的原則。若是再追溯起對方過去的缺失，再予以責備，當然會引起對方的反感，不理睬你的好心了。所以要掌握重點，不要隨便提及其他的事情是很重要的方法。

在提出忠告的時候要給對方留有餘地，不要把他指責得一無是處，否則很容易引起他的反叛心理，「既然我已經這樣了，那就乾脆一錯到底」。最後反而不如不提忠告。必要的時候可以多列舉對方的一些優點，比如，你可以這樣說：「你平時工作努力，表現積極，惟一的缺點就是想問題的時候稍微草率了一點，如果你思考問題再慎重些，就很有前途了。」用這種口氣跟他說話，他會備受鼓舞，很容易地接受你的忠告。

忠言逆耳，你的一句話可能贏得他的尊敬，也有可能招來殺身之禍，因而在提出忠告時，要注意策略，慎之又慎。

「口不擇言」與「實話實說」

生活中，我們常常因為說了不合適的話而惹得別人不高興，而自己還不知為什麼。口不擇言，確實給我們帶來不少麻煩，有時候本來是好事，因為我們的口不擇言，弄得大家不歡而散。我們不禁問自己：「到底自己會不會說話？」

一剃頭師傅家被盜劫。第二天，剃頭師傅到主顧家剃頭，愁容滿面。主顧問他為何發愁，師傅答道：「昨夜被強盜將我一年積蓄劫去，仔細想來，只當替強盜剃了一年的頭。」主人怒而逐之，另換一剃頭師傅。這師傅問：「先前有一師傅服侍您，為何另換小人？」主人就把前面發生的事細說了一遍。這師傅聽了，點頭道：「像這樣不會說話的剃頭人，真是砸自己的飯碗。」

在壽宴上，客人同說「壽」字酒令。一人說「壽高彭祖」，一人說「壽比南山」，一人說「受福如受罪」。眾客道：「這話不但不吉利，且『受』字也不是『壽』字，該罰酒三懷，另說好的。」這人喝了酒，又說道：「壽夭莫非命。」眾人生氣地說：「生日壽誕，豈可說此不吉利話。」這人自悔道：「該死了，該死了。」

有一人請客，四位客人有三位先到。這人等得焦急，自言自語道：「唉！該來的還沒來。」一客人聽了，心中不快：「這麼說，我就是不該來的來了？」告辭走了。主人著急，說：「不該走的又走了。」另一客人也不高興了：「難道我就是那該走又賴著不走的？」一生氣，站起身也走了。主人苦笑著對剩下的一位客人說：「他們誤會了，其實我不是說他們……」話未完，最後一位客人也走了。

你看，說話是簡單的事嗎？如果我們說話時不假思索，口不擇言，就可能傷人敗興，引起誤解，惹怨招尤。我們要注意說話的場合、對象、氣氛，不要隨心所欲。像有些人去菜市場，問賣肉的：「師傅，你的肉多少錢一斤？」或飯館服務員上一盤香腸，說：「先生，這是你的腸子。」這類生活中的笑話，我們要注意避免。

明人呂坤認為，說話是人生第一難事。像上面所說的情況，還不是太難的。只要注意語言修養，慢慢就會改善我們說話的紕漏和不足之處。說話難，最要命的就是說真話、說實話太難，比如秦朝時趙高擅權，想篡秦，又恐有人不服，於是這日在朝廷上拉上一隻鹿來，對秦二世說：「我獻給陛下一匹馬。」二世笑著說：「丞相錯了吧？怎麼把鹿說成了馬呢？」趙高便讓朝中眾臣評論他與二世誰說的對。左右有的沉默不語，有的為逢迎趙高便說是馬，也有的說是鹿。後來，那些說是鹿的人都遭到趙高暗中陷害。你看，說話是不是難事？有時還和身家性命都緊連著呢！

生活中我們常見有的人平常是這樣說話，一見上司就那樣說話。明明是這麼回事，有人偏偏說成那麼回事。剛才還這樣講，一轉臉又那樣講。這樣隨風轉舵，看人下菜，言不由衷，自欺欺人，活得多累，多沒意思。俄國作家契訶夫筆下的「變色龍」，就是這樣很「累」地不斷自打嘴巴地說話的，我們做人可不能這樣。

有時，我們可以運用智慧和幽默來化解說話的困難。比如像一個小故事講的：一位貴婦人牽著她的愛犬上了公共汽車，她傲慢地對售票員說：「我給狗買一張票，讓它也像人一樣坐個座位，行嗎？」對這無理的要求，售票員回答：「可以，不過它也得像人一樣，把雙腳放在地上。」

春秋時，齊國的晏子經常勸諫齊景公。一次，齊景公的一匹愛馬暴死，齊景公大怒，命令手下把養馬人用刀肢解。這時，晏子剛好在齊景公身旁，見刀斧手持刀而進，便問齊景公：「堯舜當年肢解人時，從誰的身軀開始的？」齊景公忙顧左右而說道：「從自身開始。」於是下令不肢解養馬人。他聽出晏子是在委婉地批評他，他又不願赦免養馬人，就說：「把他下獄吧！」晏子說：「好，但先讓我代您說說他所犯之罪，這樣才能讓他心服。」齊景公說：「可以。」晏子就開始歷數養馬人三大「罪狀」，「『國君讓你養馬你卻把馬養死了』這是死罪之一；死的是國君最喜愛的馬，這是死罪之二；你讓國君因為一匹馬而殺人，百姓聞知，必定怨恨國君，鄰國聞之，必輕視我們的國家，這都是因為你使馬死了造成的，你當死罪三也。來人，將其下獄！」齊景公明白了道理，說：「把養馬人放了，不要因此傷害了我的仁政。」

說話講求一些技巧，這是我們需要學習的，但這並不意味著我們可以放棄原則，指鹿為馬，曲意逢迎。如果違心說話，那技巧就變成了惡行。崔永元說得好：「也許有一天我們會討論技巧，我們用酒精泡出了經驗，我們得意地欣賞屬於自己的一份嫻熟時，發現我們丟了許多東西，那東西對我們很重要。」

說話這事，孩子不會覺得難，怎麼想就怎麼說。只有大人們覺得是道難題。在人們知道左顧右盼，思前想後，知道掂量和玩味，孩子們的詞典裏還沒有這許多辭彙。這題很難。那麼，如果我們實在想說，如鯁在喉，不吐不快，又不知道該怎麼說時，怎麼辦？崔永元出了個主意：那就實話實說，就像德國的教練施拉普納說的：「當你不知道該把球往哪兒踢時，就往對方球門裏踢！」

這是解決說話難的最終辦法，也許我們會因為實話實說而得罪一些人，會給自己帶來一些麻煩，但我們說了，得到的是良心的安寧，我們無須後悔。

這天，一位朋友因某事問我：「我那樣做，你認為對嗎？」我想說「不對」，但一時找不到更好的說話技巧，就說：「你是要我說假話呢，還是說真話？」朋友說：「當然是真話。」我一下子坦然了，於是實話實說……。

坦言錯誤，不辯為高

只要是人，就難免會犯錯，即使你是大家眼中「完人」——其實世上根本沒有完人——也不能倖免。既然大家都難免犯錯誤，那讓別人知道自己的錯誤，也不是什麼丟人的事。

如果能坦誠面對自己的弱點，再拿出足夠的勇氣去承認它、面對它，不僅能彌補錯誤所帶來的不良後果，在今後的工作中更加謹慎，而且同事也會很痛快地原諒你的錯誤。

如果你做錯了一件事，最好的辦法就是老老實實認錯並道歉，而不是掩飾，更不能反黑為白。日本最著名的首相伊藤博文的人生座右銘就是「永不向人講『因為』」，這是一種做人的美德，也是交際中最高深的學問，因為許多事情是不需要堆砌辭彙去掩飾的。而且你還要記住，這個世界上的很多人都是喜歡自尊自大的，如果你說了表示你的謙虛的措辭，滿足了對方自尊自大的心理，那麼你的收穫又會何止於此呢！

有一位在一家小工廠任廠長的朋友，一天他興奮地跑來告訴我，他的工廠請來了一位畢業於名牌大學、有學識、有經驗的工程師。可沒過幾個月，朋友們告訴他已經解聘了那個工程師，並說自己也很捨不得他離開，可是不解聘他，自己不滿的心情又無法平復。為什麼？一句話，那個工程師太善於辯解了。據說，那工程師剛到小廠時，朋友對他很信賴，事事讓他放手去幹。結果，後來卻出現了許多次的失敗，而每次失敗，那工程師都有一條或數條理由為自己爭辯，自然是頭頭是道，好幾次朋友都被他駁得無言以對，理屈辭窮。但心裏卻越來越有火，因為不管工程師辯解得怎樣有理，怎樣不是他的責任，朋友的工廠在金錢和時間上的損失都已經註定了，而且他也嚴重地傷害了朋友作為一廠之長的自尊心，所以他的辯解只能使他捲鋪蓋走人而已！

事實上，生活中有許多人對於一些無關痛癢的事都苦苦爭執，逞勝圖強，結果也許會成功一時，但往後他所受到的失敗卻是倍於此數。要記住有些辯論是不適宜在個人與個人之間進行的，因為雖然爭得了口角的勝利，對方也啞口無言了，但他不一定就放棄了他的思想信奉你的主張。他在心裏所感覺到的，已經不是誰對誰不對的問題，而是他對於你駁倒他懷恨在心，因為他的自尊心掃地了。這樣看來，我們雖然爭得了口角的勝利，卻有可能從此切斷與對方的友情或交情，比較之下，是爭得口角的勝利合算，還是維持友誼合算呢？

這個世界上肯承認錯誤的人是很少的，所以，反過來說，你想要別人承認錯誤，就是一件蠢事。當然，在某種勢力下被迫坦白認錯，是例外的，因為那違反人類本性。

既然認錯的人如此之少，而爭辯的目的也不外乎是想顯出對方是錯的，所以爭辯也就很不必要了。因為大多數人在事情不成功時，都會花點時間總結結果，如果錯誤確屬自己，下一次就會用心糾正。所以我們就不一定非要聽到對方念念有詞：「我錯了，我錯了。」

有一位專家說，談話的最高效果，是你未使用任何強硬的話就使對方照著你的意思去做。對方完全出於自願，比較你要別人「怎樣怎樣」當然要好得多。

巧言相拒

怎樣拒絕別人的請求，在原則性強的人看來，並不太難，不符他原則的事，他會堅決地拒絕，但對好面子的人來看，就太難了，其實拒絕別人，也不是太難，只要你把你拒絕的理由說出來，或採取一定技巧去拒絕就可以了。

在別人提出要求前做好拒絕的準備

那些在別人不論提出多不合理的要求時很難拒絕的人，通常是由於以下一種或幾種原因：

- 對自己的判斷力缺乏自信，不知道什麼是應該做的，什麼是別人不該期望自己做的。
- 渴望討別人喜歡，擔心拒絕別人的請求會讓人把自己看扁了。
- 對自己能成功地負起多少責任認識不清。

■具有完善的道德標準。他們會為「拒絕幫助」別人而感到罪過。

■覺得自己低人一等，因而把別人看成是能控制自己的「權威人士」。

然而，不論出於何種理由，這些不敢拒絕的人通常承認自己受感情所支配。不管過去的經歷如何，他們從未在別人提出要求時有一個準備好的答覆。

假如發現自己的拒絕完全公平合理都很難啟齒拒絕，那麼請用以下這些方法幫助你自己：

■在別人可能向你提出不能接受的要求之前作好準備。

■把你的答覆預先演習一遍，準備三至四套可使用的句子（例如：「對不起，我這幾天對此只能說『不』」；「我正忙得腳底朝天呢！」）對著自己大聲練習幾遍。

■當你拒絕時，別編造藉口。如果你有理由拒絕而且想把理由告訴別人，是很好的。要簡潔明瞭，一語言中。但你不必硬找理由，你有充分的權力拒絕。

■在拒絕之後要堅持，假如舉棋不定，別人會認為可以說服你改變主意。

■在拒絕之後千萬別有負罪感。

沉默拒絕法

當別人問：「你喜歡阿蘭德隆嗎？」你心裏並不喜歡，這時，你可以不表態，或者一笑置之，別人即會明白。

一位不大熟識的朋友邀請你參加晚會，送來請帖，你可以不予回覆。它本身說明你不願參加這樣的活動。

拖延拒絕法

一位女友想和你約會。她在電話裏問你：「今天晚上八點鐘去跳舞，好嗎？」你可以回答：「明天再約吧？到時候我給你去電話。」你的同事約你星期天去釣魚，你不想去，可以這樣回答：「其實我是個釣魚迷，可自從成了家，星期天就被妻子沒收啦！」

用推脫表示拒絕

一位客人請求你替他換個房間，你可以說：「對不起，這得值班經理決定，他現在不在。」

你和妻子一塊上街，妻子看到一件漂亮的連衣裙，很想買，你可以拍拍衣袋：「糟糕，我忘了帶錢包。」

有人想找你談話，你看看錶：「對不起，我還要參加一個會，改天行嗎？」

用迴避表示拒絕

你和朋友去看了一部拙劣的武打片，出影院後，朋友問：「你覺得這部片子怎麼樣？」你可以回答：「我更喜歡抒情點的片子。」

你正發燒，但不想告訴朋友，以免引起擔心。朋友關心地問：「你試試體溫嗎？」你說：「不要緊，今天天氣不太好。」

用反詰表示拒絕

你和別人一起談論國家大事。當對方問；「你是否認為物價增長過快？」你可以回答：「那麼你認為增長太慢了嗎？」

你的戀人問：「你討厭我嗎？」你可以回答：「你認為我討厭你嗎？」

客氣地表示拒絕

當別人送禮品給你，而你又不能接受的情況下，你可以客氣地回絕：一是說客氣話；二是表示受寵若驚，不敢領受；三是強調對方留著它會有更多的用途等。

用外交辭令拒絕

外交官們在遇到他們不想回答或不願回答的問題時，總是用一句話來搪塞：「無可奉告」。生活中，當我們暫時無法說「是與不是」時，也可用這句話。

還有一引進話可以用作搪塞：「天知道。」「事實會告訴你的。」「這個嘛……難說。」等等。

以友好、熱情的方式拒絕

一位作家想與某教授交朋友。作家熱情地說：「今晚我請你共進晚餐，你願意嗎？」不巧教授正忙於準備學術報告會的講稿，實在抽不出時間。於是，他親熱地笑了笑，帶著歉意說：「對你的邀請，我感到非常榮幸，可是我正忙於準備講稿，實在無法脫身，十分抱歉！」他的拒絕是有禮貌而且愉快的，但又是那麼乾脆。

棄絕容易被人誤解的話

說話被人誤解是最冤枉的，明明是這個意思，卻被人理解成那個意思。遇到這種情況，我們就應立即找出原因及解決的方法。

找出被誤解的原因

社會是由形形色色的人所聚集成的，每個人的工作性質不同，立場也不同。在眾人聚集的工作場所，總會發生意想不到的誤解，甚至是摸不著頭緒的糾紛。

當遭人誤解時，工作進程就會顯得困難重重，不但是自己的損失，還會影響到團體的利益。所以，必須具備一套化解誤會的說話術。這裏首先談談造成誤解的幾種原因。

■言詞不足。有的人不管是在表達資訊，或者說明某些事情時，常常在言詞上有所缺失，結果弄得只有自己明白，別人一點也搞不清真相。這種人就是缺乏「讓對方明白」的意識，以致容易招來對方的誤解。

■過分小心。有的人不管什麼事，都顧慮過多，從不發表意見，因此，個人的存在感相當薄弱，變成容易受人誤會的對象。這樣的人總寄望對方不必聽太多說明就能明白，缺乏積極表達自己意見的魄力。對於這種類型的人而言，含蓄並不是美德，這一點要深自反省。

■自以為是。另一種人是頭腦聰明，任何事都能辦得妥當，但是經常自以為是，我行我素。即使著手一件新工作，也從不和別人照會一聲，只管自作主張地幹活。這麼一來，即使自己把工作圓滿地完成，上級及周遭的人也不會表示歡迎。

■外觀的印象不好。人對視覺上的感受印象最深刻。雖然大家都明白「不可以貌取人」，但是，實際上雙眼所見的形象，往往成為評判個人的標準，這個印象可能是造成誤解的原因。如果讓周遭的人有了不好的印象，且造成誤解，若不早點解決，恐怕不好收拾。

■欠缺體貼。縱然只是一句玩笑話，但若造成對方的不快，恐怕也會導致意想不到的誤解。甚至是句安慰、犒勞的話，如果對方接受的方式不同，也可能變成誤解。因此，在說話之前，一定要先考慮對方的狀況以及接受的態度。

說話時儘量避免被別人誤解

在日常交往中，經常有自己說的話被別人誤解的時候。那麼怎樣才能使自己的話不被別人誤解呢？

■不要隨意省略主語。

從現代語法看，在一些特殊的語境中，是可以省略主語的。但這必須是在交談雙方都明白的基礎上，否則隨意省略主語，容易造成誤解。

一個星期天的上午，在一家商店，一個年輕人正在急急忙忙挑帽子，售貨員拿了一頂給他。他試了試說：

「大，大。」

售貨員一連給他換了四、五種型號的帽子，他都嚷著：

「大，大。」

售貨員仔細一看，生氣了：

「分明是小，你為什麼還說大？」

這青年結結巴巴地說：

「頭，頭，我說的是頭大。」

售貨員狠狠地瞪了他一眼，旁邊的顧客「撲嗤」一聲笑了。造成這種狼狽結局的原因就是這位年輕人省略了他陳述的主語：頭。

■要注意同音詞的使用。

同音就是語音相同而意義不同的詞。在口語表達中脫離了字形，所以同音用得不當，就很容易產生誤解。如「期終考試」就容易誤解為「期中考試」，所以在這時不如把「期終」改為「期末」，就不會造成誤解。

■說話時要注意適當的停頓。

書面語藉助標點把句子斷開，以便使內容更加具體準確。在口語中我們常常藉助的是停頓，有效地運用停頓可以使你的話明白、動聽，減少誤解。有些人說起話來像開機關槍，特別是在激動的時候就不注意停頓了。例如，一位年輕人遇到一群剛看完球賽的學生，就問：

「這場比賽誰贏了？」

一位學生興奮地說：

「中華隊打敗韓國隊獲得冠軍。」

這位青年迷惑了：到底是中華隊打敗了韓國隊，還是韓國隊獲得了冠軍呢？他又問了另一位學生，才知道是中華隊贏了。所以，我們在與人交談時，一定要注意語句的停頓，使人明白，輕鬆地聽你談話。

積極辯護

被上級批評或指責，雖然應該誠懇而虛心地聽取，但並非說你一定要忍氣吞聲，不管他說得對不對都要一股腦接受，必要時應該勇於辯護，並且要作積極的辯護。

晉文公的時候，廚官讓人獻上烤肉，肉上卻纏著頭髮。文公叫來廚官。大聲責罵他說：「你存心想讓我噎死嗎？為什麼用頭髮纏著烤肉？」

廚官叩著響頭。拜了兩拜，裝著認罪，說：「小臣有死罪三條。我找來細磨刀石磨刀，刀磨得像寶刀那樣鋒利，切向肉就斷了，可是粘在肉上的頭髮卻沒切斷，這是小臣的一條罪狀；拿木棍穿上肉塊卻沒有發現頭髮，這是小臣的第二條罪狀；捧著熾熱的爐子，炭火都燒得通紅，烤肉烘熟了，可是頭髮竟沒燒焦，這是小臣的第三條罪狀。君王的廳堂裏莫非有懷恨小臣的侍臣麼？」

文公說：「你講的有道理。」就叫來廳堂外的侍臣責問，果然有人想誣陷廚官，文公就將此人殺了。

這明顯是個冤案，如果正面辯解，有可能使晉文公火上澆油，怒氣更盛而獲死罪。因此，廚官採取正意反說的方式為自己辯解。他裝著認罪的態度供認了三條罪狀，其實是為了澄清事實：切肉的刀如此鋒利，肉切碎了而頭髮居然還繞在上面；肉放在火上烤，肉烤焦了而毛髮猶存。這明顯不合乎事理。至此，廚官已證明自己無罪，因此進而提醒晉文公，是否有人陷害？立刻真大白。廚官的辯解順其意，卻能揭其誣，可謂靈活機巧這種做法也是非常必要和適當的。

有些人面臨麻煩的時候常用辯護來逃避責任，這就走到另一個極端了。這種推卸責任的辯護，偶一為之，無傷大雅，尚可原諒。倘一犯再犯，肯定會失去別人對你的信任。

有時候，做錯了事責任不在下級，大部分卻是由於上級的緣故，這時應大膽辯解了。不辯解，只能使上級對你的印象更加惡化，而絲毫不會考慮到自己也有責任。

所以，工作中，同事之間，尤其是下級與上級之間，由於地位不同，而發生意見相左的情況時，不要害怕會被認為是頂撞，應積極地說明理由，沉默不語只能使問題更加複雜而難以化解。

辯解的困難點在於雙方都意氣用事，頭腦失去了冷靜。所以過於緊張和自責，反而會使場面更僵。因此遇到這類棘手的對立狀態時，更應該積極辯明，明確責任。其要點大概有以下幾點；

■不要畏懼。不必害怕聲色俱厲的上級，越是嚷得凶的上級，往往心越軟。

■把握時機。尋找一個恰當的機會進行辯解也很重要。辯明應該越早越好，辯明越早，則越容易採取補救措施。否則，因為害怕上級責罵而遲遲不說明，越拖越誤事，上級會更生氣。

■自我反省的事項要越簡單明瞭越好。不要悔恨不已，痛哭流涕，不成體統。越把自己說得無能，反而會增加上級對你的不滿。還是適當點一下為好，但要點到本質上，說明自己對錯誤已經有了足夠的認識。

■辯護時別忘了站在對方的立場上講話。上級責備下級，當然是出於自己的觀點。如果下級不瞭解這一點，一味認為自己受了冤枉，因為站在本身的立場上拼命替自己辯解，這樣只能越辯越使上級生氣。應該把眼光放高一點，站在對方的立場上來解釋這件事，則容易被接受。

■辯解時需要注意。不管是何種情況，都不要加上「居然你這麼說……」，任何人都有保護自己的本能，做錯事或和旁人意見相左時，便會積極地說明經過、背景、原因等。但在上級看來，這種人頑固不化，只是找理由為自己辯護罷了。

■道歉時需要注意。道歉時不要再加上「但是……」千萬不要說：「雖然那樣……但是……」這種道歉的話，讓人聽起來覺得你好像是在強詞奪理，無理攪三分。道歉時，只要說：「對不起！」不必再加上「但是……」如果面對的是性格坦率的上級，或許就可以化解彼此的距離。當然該說明的時候仍要有勇氣據理力爭，好讓上級瞭解自己的立場。

「出賣」一下說話的權力

鼓勵對方多說話，自己作一名傾聽者，不但處處受人歡迎，而且會逐漸知道許多事情，讓你明白對方想要的是什麼。

多數人想使別人同意他們的觀點時，總是費盡口舌，犯這種錯誤是非常划不來的。讓對方盡情地說話！他對自己的事業和自己的問題瞭解得比你多，所以向他提出問題吧！讓他把一切都告訴你。

如果你不同意他的話，你也許很想打斷他。不要那樣做，那樣做很危險。當他有許多話急著要說的時候，他不會理你的。因此，你要耐心地聽著，抱著一種開闊的心胸，誠懇地鼓勵他充分地說出自己的看法。

幾年前，美國最大的汽車製造公司之一正在洽購一年所需要的布匹。三家主要的廠商已做好了樣本，它們都經那家汽車公司的高級職員檢驗過，而且發出通知說，在一個特定的日子，三家廠商的代表都有機會對合同提出最終的申請。

其中一家廠商的代表R君抵達的時候正患著嚴重的喉炎。「輪到我去會見那些高級職員的時候，」R先生敘述事情的經過，「我嗓子已經啞了。我幾乎一點聲音也發不出來。我被帶到一個房間，發現自己正面對著紡織工程師、採購經理、銷售主任以及公司的董事長，我站起來，努力要說話，但只能發出吱吱聲。」

「他們都圍坐在一張桌邊，因此，我在一張紙上寫著：『諸位，我的嗓子啞了，說不出話來。』」

「『我來替你說吧！』董事長說。於是，他展示我的樣本，代替我稱讚它們的優點。一場熱烈的討論展開了，討論的是我那些樣本的優點。而那位董事長，因為是代表我說話，在討論的時候就站在我的一邊。我聽著他們的討論，只是微笑、點頭、做幾個手勢而已。」

「這次特殊會議的結果，使我得到了合同，五十萬碼的坐墊布匹，總值一百六十萬美元——我所得到的是一筆最大的訂單。」

「事後我想，如果自己不是啞了嗓子，就不一定能得到這筆訂單。這事使我很偶然地發現，有時候讓對方來講話，可能得到預料不到的收穫。」

弗拉達爾電氣公司的約瑟夫・韋伯，也有相同的發現。那時他在賓夕法尼亞州的一個富饒的荷蘭移民地區作一次視察。

「為什麼這些人不使用電器呢？」經過一家管理良好的農莊時，他問該區的代表。

「他們一毛不拔，你無法賣給他們任何東西，」那位代表厭惡地回答，「此外，他們對公司火氣很大。我試過了，一點希望也沒有。」

也許真是一點希望也沒有，但韋伯決定無論如何也要嘗試一下，因此他敲敲那家農舍的門。門打開了一條小縫，屈根堡太太探出頭來。

「一看到那位公司的代表」，韋伯先生開始敘述事情的經過，她立即就當著我們的面，把門砰地一聲關起來。我又敲門，她又打開來；而這次，她把反對公司和我們的不滿一股腦兒地說出來。」

「『屈根堡太太』我說，『很抱歉打擾了您，但我們來不是向您推銷電器的，我只是要買一些雞蛋罷了。』」

「她把門又開大一點，懷疑地瞧著我們。」

「我注意到您那些可愛的多明尼克雞，我想買一打鮮蛋。」

「門又開大了一點，『你怎麼知道我的雞是多明尼克種？』她好奇地問。」

「『我自己也養雞，而我必須承認，我從沒見過這麼棒的多明尼克雞。』」

「『那你為什麼不吃自己的雞蛋呢？』她仍然有點懷疑。」

「『因為我的來亨雞下的是白殼蛋。當然，你知道，做蛋糕的時候，白殼蛋是比不上紅殼蛋的，而我妻子以她的蛋糕為自豪。』」

「到這時候，屈根堡太太放心地走出來，溫和多了。同時，我的眼睛四處打量，發現這家農舍有一間修得很好看的奶牛棚。」

「『事實上，屈根堡太太，我敢打賭，你養雞所賺的錢，比你丈夫養乳牛所賺的錢要多。』」

「這下，她可高興了！她興奮地告訴我，她真的是比她的丈夫賺錢多。但，她無法使那位頑固的丈夫承認這一點。」

「她邀請我們參觀她的雞棚。參觀時，我注意到她裝了一些各式各樣的小機械，於是我『誠於嘉許，惠於稱讚』，介紹了一些飼料和掌握某種溫度的方法，並向她請教了幾件事。片刻間，我們就高興地在交流一些經驗了。」

「不一會兒，她告訴我，附近一些鄰居在雞棚裏裝設了電器，據說效果極好。她徵求我的意見，想知道是否真的值得那麼做……。」

「兩個星期之後，屈根堡太太的那些多明尼克雞就在電燈的照耀下，滿足地叫喚了。我推銷了電氣設備，她得到了更多的雞蛋，皆大歡喜。」

「但是，事情的要點在於：如果我不是讓她自己說服自己的話，就根本沒法把電器設備賣給這個農戶！」

「像這樣的顧客，你根本不能對他們推銷，而必須使他們切實感覺到需要主動來買。」

最近，紐約《先鋒論壇報》經濟版上出現了一幅巨大的廣告，徵聘一個具有異常能力和經驗的人。查理斯・古比里寄去了應徵的信。幾天以後回音來了：請他去面談。在去面談以前，他花了許多時間在華爾街盡可能地打聽有關那個公司老闆的一切情況。在面談時，他說：「如果能替一家你們這樣的公司做事，我將感到十分驕傲。我知道你們在二十八年前剛成立的時候，除了一個小辦公室、一位速記員以外，什麼也沒有，對不對？」

幾乎每一個功成名就的人，都喜歡回憶自己多年奮鬥的情形，這位老闆也不例外。他花了好長時間，談論自己如何以四百五十元和一個新穎的念頭開始創業。他講述自己如何在別人潑冷水和冷嘲熱諷之下奮鬥著，連假日都不休息，一天工作十六個小時。他克服了無數的不利條件，而目前華爾街生意做得最好的那幾個人都向他索取資料和請教。他為自己的過去而自豪。他有權自豪，因此，在講述過去時十分得意。最後，他只簡短地詢問了一下古比里的經歷，就請一位副董事長進來，說：「我想這就是我們所要找的人。」

古比里先生花了功夫去瞭解他未來老闆的成就，表示出對對方和他的問題感興趣，並鼓勵對方多說話，進而給人留下了一個很好的印象。

給自己準備一隻「口罩」

老於世故的人，對人總是唯唯諾諾，可以不開口的，就盡可能三緘其口。比如某君有不可告人的隱私，你說話時偏偏無意中說到他的隱私，言者無心，聽者有意，他會認為你是有意跟他過不去，從此對你恨之入骨。這是說話的第一大忌。

他做的事，別有用心，極力掩飾不使人知，如果被你知道了，必然對你非常不利。如果你與對方非常熟悉，絕對不能向他表明你絕不洩密，那將會自找麻煩。惟一可行的辦法，只有假裝不知，若無其事。這是說話的第二大忌。

他有陰謀詭計，你卻參與其事，你為他決策，幫他執行，從樂觀的方面來說，你是他的心腹。而從悲觀的方面來說，你是他的心腹之患。你雖然謹守秘密，從來不提及這件事，不料另有人識破機關，對外宣告，那麼你無法逃掉洩露的嫌疑。你只有多多親近他，表示自己並無二心，同時設法偵察洩露這個秘密的人。這是說話的第三大忌。

萬一對方對你並不十分信任，你卻極力討好他，為其出謀劃策，假如他採用你的計策，而試行的結果並不好，一定會疑心你是有意捉弄他，使他上當。即使試行結果很好，他對你也未必增加好感，認為你只是偶然發現，不能算你的功勞，所以你在這個時候還是不說話為好。這是說話的第四大忌。

對方取得成功是由於採納了你的計策，而他又是你的上司，那麼他必然害怕好名聲被你搶去，內心惴惴不安。你知道這一情況後，就應該到處宣揚，逢人便說，極力表示這是上司的計謀，是上司的遠見，一點也不要透露你曾經出了什麼力。

你有得意的事，就該與得意的人談；你有失意的事，應該和失意的人談。說話時一定要掌握好時機和火候，不然的話，一定會碰一鼻子灰，不但目的達不到，而遭冷遇、受申斥也是意料中的事。

為人處世一定要把好口風，什麼話能說，什麼話不能說，什麼話可信，什麼話不可信，都要在腦子裏多繞幾個彎子。

語言與場合的搭配藝術

一個受社會歡迎的人，說話應當看場合，不同交際場合要求採取與之各自相應的語言表達方式，否則你的言語就不得體，達不到交際的目的。

說話看場合，常見的有以下幾種區分：

自己人場合和外邊人場合

華人的文化傳統一向講求的是內外有別。對自己人「關起門來談話」，可以無話不談，甚至可以說些放肆的話，什麼事都好辦。而對外邊的人，總懷有戒心，「逢人只說三分話，未可全拋一片心」，辦事嘛，一般是公事公辦。因此，遵循內外有別的界限談話，社會上認為是得體的，違反這一界限，便被認為是「亂放炮」，說話不得體了。

正式場合與非正式場合

正式場合說話應嚴肅認真，事先要有所準備，不能亂扯一氣。非正式場合下，便可隨便一些，像話家常一樣，便於感情交流，談深談透。有些人說話文謅謅，有人講話俗不可耐，就是沒有把握正式場合與非正式場合的界限。

莊重場合與隨便場合

「我特地來看你」，顯得很莊重；「我順便來看你」，有點隨隨便便看你來了的意思，可以減輕對方負擔。可是，在莊重的場合說「我順便來看你」就顯得不夠認真、嚴肅，會給聽話者蒙上一層陰影。在日常生活中，明明是「順便來看你來了」，偏偏說成是「特地看你來了」，有些小題大作，讓對方感到緊張。

喜慶場合與悲痛場合

一般地說，說話應與場合中的氣氛相協調。在別人辦喜事時，千萬不要說悲傷的話；在人家悲痛時，你逗這個小孩玩，逗那個小孩玩，說些逗樂的話，別人就會說你這人太不懂事了。某地有個老太太死在家裏，親屬圍在一起商量後事。老太太生前囑咐土葬，但土葬有點不現實，於是大家七嘴八舌，發表個人的看法。只聽老太太的孫子說：「這麼辦吧！老太太死了不是埋掉就是燒掉。現在屍體放在家裏，人來人往的，總不是個事，我看燒掉得啦，又省錢又省事。」這番話令大家聽了十分惱火，可是罵不得打不得，那場合不是教訓年輕人的場合。如果這個二十剛出頭的孫子會說話，他會選擇一些適合這種場合和氣氛的話來說，他可以這麼說：「奶奶走了，我心裏很難過。現在，遺體放在屋裏，得趕緊料理。奶奶生前有土葬的願望，可土葬又不可能，我看還是趕緊安排火化好。我是晚輩，說給大家考慮，大主意還是請伯伯嬸嬸拿定。」

適宜多說的場合與適宜少說的場合

對方很忙，時間很緊，跟他說事情就得簡明扼要。如果跟他談笑風生，海闊天空，主觀願望是好的，但不符合客觀要求，效果也不會好。失火了，你看見後應該立即呼喚救火，等火被撲滅後，再向警方報告你發現的可疑線索。如果先跑過去向警方慢條斯理報告失火原因，等把失火的可疑線索報告完，火勢早已蔓延開來。

謊話該說也得說

有一篇《窗》的著名文章，說的是住在同一間病房的兩個病人，兩個人都是重病人，都臥床不起，但那個靠窗的病人，卻能夠看見窗外的事物。於是他就給另一位病人講起他看到窗外的有趣的事。有一天，他去世了，另一位病人被移到靠窗的地方，而他只看到了光禿禿的牆。原來，去世的病人為引起另一位病人的好奇心和生的欲望，而撒了謊。也許大家都這樣認為，說謊是一種最要不得的行為，但人與人之間的相處，偶爾還是需要些善意的謊言。

高中時我有一個很要好的同學，他在初中畢業後重考了兩次才勉強進入高中，和我同班一年之後，又因好幾科不及格而被留級。這樣一個大家眼中「無可救藥」的學生，在十多年後竟成了留美博士，如今在一所大學裏擔任教授。

去年我因公出差，和他碰過一次面，兩人就聊了好一陣子。如何從一個高中都幾乎念不完的留級生，變成一個學有專長的教授，以下這個故事是他告訴我的。

「升高二那年的暑假，當我接到被留級的成績單後，想到重考了兩次才進高中，沒想到大家都升級了，只有我還要留在一年級，我更是自暴自棄。每天只想到操場上打籃球，功課比第一年還差，眼看就瀕臨退學的門檻，但在這時，奇跡出現了。」

「有一天下午我蹺課去打籃球時，場上有個年輕人要找我玩球，我和他激戰了半小時，直到休息時才發現，原來他是我的生物老師。真慚愧，開學一個月了我都沒上過生物課。不過自從這次以後，每次生物課我都不敢再『逃』了。」

「接下來在一次實驗課下課前，老師竟在班上宣佈說我所寫的實驗報告很有創意，是一個很有潛力的學生，再繼續努力，日後必將能成為一個生物學家。剛開始我有些不相信，因為我的報告幾乎一半以上是抄的，裏面的實驗步驟我也都沒照規矩做。可是老師說得那麼誠懇，一點也不像是在開玩笑。」

「從此以後，我就更加努力念書，不但生物成績領先其他同學，其他科目也漸有起色，高中畢業時我若考不上大學，就要去找工作了；結果我不但榜上有名，而且還是我的第一志願——師大生物系。我心裏一直很感謝那位老師，就在謝師宴上我問他，到底那次我的報告有何特點？為什麼老師要對我大力褒揚呢？」

「這位年輕的老師緩緩的說：『正如你所說，那份報告如果認真評起分來，只怕連五十分也不該有。但我也只是想試試，善意的謊言是否對你更有幫助，如今看你的成就，證明我當初那樣做並沒有錯。』聽完他的話，連我自己也傻了。也領悟到了——善意的謊言比單純的鼓勵效果更大。」

談話是值得深鑽的學問

與人交談，是一項十分有意義的交際活動。透過交談，可以交流思想，溝通感情，促進工作。輕鬆愉快、健康有益的交談，不僅可以達到上述目的，而且還給人以莫大的精神享受；而枯燥乏味、單調無聊的談話，卻只能是浪費時間，令人厭煩。那麼，如何才能使交談順利進行、圓滿成功？這就要瞭解交談的藝術。

端正態度，充分尊重對方

與人交談，首先要尊重、體諒別人，對人要謙虛謹慎，誠懇率直。不要妄自尊大，盛氣凌人；不要自以為是，武斷專橫；不要虛心假意，恭維奉承。只有這樣，大家才能和諧融洽地相處，推心置腹地交談。態度不端正，就會引起別人的反感，思想上一旦形成鴻溝，交談就很難進行。

全神貫注地聽

不要打斷別人的發言，要讓人家盡情地講，你要恭恭敬敬地聽。即使你不同意人家的看法，也不可匆忙打斷他，要等他講完再闡明你的意見。要善於聽講，要分析話中之音，做到既明白對方談話何時達到高潮，又知道對方言談何時接近尾聲。這樣，你的發言才能適時、穩妥，而無需打亂別人談話，影響他人思路。

適當地發言

交談，是一種有來有往、相互交流思想感情的雙邊或多邊活動。參與談話的人，不但要「聽」，而且還要「講」。聽人說話，要做到聚精會神，心領神會，切不可漫不經心。與此同時，還要做出積極反應，有什麼想法和感受，透過點頭、微笑、手勢、體態等不同方式隨時表露出來；不要消極活動，呆頭呆腦，無動於衷。

全神貫注地聽，僅是交談中的一個方面。談，在某種意義上說，顯得更為重要。談的方式多種多樣，你可採用任何一種：直截了當地陳述事實，提出問題，發表看法；委婉地表示不同意見，進行評論。這些方式都能使談話順利進行。

在交談中，儘量少用或不用「是」、「不」、「可能」一類字眼作答，一兩個字不能給人以啟示和激勵。要設法使別人從你的話中得到鼓勵和啟發，使他感到有東西可繼續講下去。但另一方面，也要防止使談話變成長篇大論。對某一話題，你可能有很多東西要講，但他人也可能有高見要談，要做到使大家都有發言機會，說話要乾淨俐落，簡明扼要。發言冗長，使人煩躁。

跟上交談的「節拍」

密切注視談話進行的情況，要把注意力始終集中在正在談論的東西上。只要頭腦清醒、目光敏銳，只要跟上談話的「節拍」，就不會出現那種對方需要你作答，而你卻未聽見的尷尬局面。

及時改變話題

話題的轉變在交談中佔有十分重要的位置。當大家對某事似乎已詳盡談論，感到興致索然時，就要立即轉換談題。轉變的方式很多，讓舊話題自然消失就是其一。另一種方式就是重提剛議論的事情，然後迅速更換話題。比方說，當大家感到對自學成才的著名作家、詩人再也沒什麼新東西可講時，你可以這樣轉變話題：「是啊！古往今來，靠勤奮自學而蜚聲文壇的作家、詩人，真是舉不勝舉。大家也知道，自學成才的科學家、發明家更是遍及四海。」這樣，大家就會重新興致盎然地交談起來。第三種方式是可直接突然地改變話題。「關於體育鍛鍊，是否就談到這裏？現在讓我們談談外語學習吧！」或者乾脆說：「現在改變話題。」

改變話題要注意「火候」，既不能太遲，又不宜過早。當話題仍然引人入勝，切不要因你一個人感到索然無味，就談別的東西，並強迫他人跟著你轉。

積極彌補失言

與人談話，失言總是難免，特別是在心情過於激動時，更容易發生。由於一時忘記了別人的禁忌，忽略了他人的生理缺陷，忘掉了某人的不幸，有傷人家感情的話語，有損人家尊嚴的言詞，有失人家體面的言論，都可能脫口而出。一旦失言，就要視具體情況，採取應急措施，進行彌補。假若過失嚴重，但你和對方很熟，恐怕你最好說：「很對不起，老×。」說完立即談及其他東西。如果接近失言的危險邊緣，要竭盡全力迅速擺脫，這時特別需要冷靜沉重，莫要驚慌失措，更不要大喊大叫向人家賠禮道歉。

他人失言，你要盡力幫助補救。對於他想出來的轉移話題，不但要感興趣，而且還要帶頭談論。如果他惶恐不安，不知所措，你還要迅速、主動地找個適當話題談起，以幫助他解脫困難。

適時結束談話

一席圓滿成功的談話，總是進行到恰到好處時結束。太早，令人掃興；太晚，使人厭倦。

用心讚美

讚美是使用語言的美好方式，往往會產生出奇不意的效果。我們周圍的人，人人都有值得讚揚的地方，尤其是那些盡心待人、盡力工作的人更應該得到別人的讚揚。每個人都希望自己的優點能得到別人承認，希望自己能得到別人的讚揚。所以我們應該把別人渴望、自己也渴望的東西隨時隨地真誠地獻給對方。

美國的戴爾・卡耐基曾寫過一本書叫《人性的弱點》，在書中他寫道：

一次我到紐約的一家郵局寄信，發現那位管掛號信的職員對自己的工作很不耐煩。於是我暗暗地對自己說：『卡耐基，你要使這位仁兄高興起來，要他馬上喜歡你。』同時，我又提醒自己：要他馬上喜歡我，必須說些關於他的好聽的話。而他，有什麼值得我欣賞的呢？非常幸運，我很快就找到了。

等到他給我寄信件時，我看著他，很誠懇的對他說：「你的頭髮太漂亮了。」

他抬起頭來，有點驚訝，臉上露出來無法掩飾的微笑。他謙虛地說：「哪裡，不如從前了。」我對他說：「這是真的，簡直像是年輕人的頭髮一樣！」他高興極了。於是，我們愉快地談了起來。當我離開時，他對我說的最後一句話是：「許多人都問我究竟用了什麼秘方，其實它是天生的。」我敢打賭，這位朋友當天走起路來一定是飄飄欲仙的。晚上他一定會跟太太詳細地敘說這件事，同時還會對著鏡子仔細端祥一番。

我把這件事說給一位朋友聽，他問我：「你為什麼要這樣做？你想從他那裏得到什麼呢？」

是的，我想要得到什麼？

什麼也不要。如果我們只圖從別人那裏獲得什麼，那我們就無法給人一些真誠的讚美，那也就無法真誠地給別人一些快樂了。

如果一定要說我想得到什麼的話，告訴你，我想得到的只是一件無價的東西。這就是我為他做了一件事情，而他又無法回報我，過後很久，在我心裏還會有一種滿足的感覺。

無論大人物或小人物，沒有人會不為真正的讚賞所激動的。美國耶魯大學已故的英文著名教授費爾普說：「有一個很熱的夏天，我到火車上擁擠的餐車中去吃飯。當服務生把菜單遞給我的時候，我對他說：『在廚房中的那些夥計們，今天一定很受罪了！』那個服務生很驚異地望著我說：『人們到這來，幾乎都埋怨服侍不周到，飯菜做得不好，或抱怨天氣太熱。在近二十年中，你是第一位對廚房中的廚師表示同情和讚美的人！』」

福特是美國石油大王洛克菲勒的好朋友，一次福特和洛克菲勒合資經商，因福特投資過大而失敗，損失巨大。這使福特很過意不去，就主動解釋說：「太對不起了，那次損失太大了，我們損失了……」想不到洛克菲勒若無其事地回答道：「啊！你能做到那樣已難能可貴了，這全靠你處理得當，才保存了剩餘的六〇%，謝謝你！」

洛克菲勒在本該責備對方時，卻寬容地原諒了對方，而且找出一堆讚美的東西來，這真是出乎福特的意料。然而，正是洛氏的這種胸襟為他以後的騰飛打下了堅實的基礎。

讚美總是給人力量，所以，誠懇是很重要的，它會帶給人驚喜的效果。一個人在勞累一整天後回家了，遠遠地看到孩子倚窗探望的臉，進到家裏時又看到妻子掛著歡笑的臉，這是無言的讚美，內心的真摯情感的表露，他會為此而感到欣慰，而精神上那種疲倦也會一下子消失了。

有的時候，事情在表面也許真的不怎麼樂觀，但是，你總可以找到一些能夠鼓舞士氣的話。當然，你必須多用點心才做得到這一點，可是，如果你真能對別人的才幹發出由衷的讚賞，你的用心一定能得到更大的回報。

你希望每天都能保持愉快健康的心情嗎？只要你能幫助別人得到快樂，那麼快樂自然會落到你身上，所以不要捨不得說出好聽的話。如果你今天感到悶悶不樂，也許正是因為你還沒有說出一句讚美的話呢！

以柔克剛，攻心為上

現實生活中，有很多怪脾氣的人。其中有一種人就是「吃軟不吃硬」，你跟他辦事，來強硬的不行，來軟的，往往很好辦。你在交際過程中，如果遇到這種人，眷求順利、順心，就應該適應其性格，儘量與他說軟話，說尊敬他、讚美他的話，以求得到他的同情、理解、寬容、原諒，獲得他的支持幫助，進而達到自己的目的。

說引起別人同情的話

有人說女人告狀比男人強，因為女人說著說著眼圈兒就紅了，眼淚就不由自主地淌了下來，聽者就是鐵石心腸，也免不了會動惻隱之心的。

這話頗有一定道理，可是，事實上，大多數告狀者都是心裏有氣，積鬱已久，一旦有了訴說機會，總是難抑內心激動，往往情緒憤懣，言詞激烈，給人的感覺倒不像是一個受害的弱者，而是一個咄咄逼人的強者。

有位遭人欺凌的受害者在向某主管告狀時十分衝動，口出狂言穢語，使得這位主管很是反感，因而，問題遲遲未能解決。後來，此人絕望了，痛苦不堪，幾欲輕生，反倒引起了這位主管的同情與重視。

當然，這並不說，凡告狀者都要擺出一副可憐兮兮的樣子，流下幾滴眼淚。而是說，告狀者在請求解決問題，應該挑動聽者的同情心，使聽者首先從感情上向你靠近，產生共鳴。這就為你問題的解決打下了基礎，人心都是肉長的，只要你將受害的情況和你內心的痛苦如實地說出來，處理者是會動心的。

一天，一位老婦人向正在律師事務所辦公的林肯律師哭訴她的不幸遭遇。原來她是位孤寡老人，丈夫在獨立戰爭中為國捐軀，她靠撫恤金維持生活。前不久，撫恤金出納員勒索要她交一筆手續費才可領取撫恤金，而這筆手續費是撫恤金的一半。林肯聽後十分氣憤，決定免費為老婦人打官司。

法庭開庭。由於出納員原來是口頭勒索的，沒有留下任何憑據，因而指責原告無中生有，形勢對林肯極為不利，但他十分沉著、堅定，他眼含著淚花，沉痛地回憶英帝國主義對殖民地人民的壓迫，愛國志士如何奮起反抗，如何忍饑挨餓地在冰雪中戰鬥，為了美國的獨立而拋頭顱、灑熱血的歷史。最後，他說：「現在，一切都成為過去。一七七六年的英雄，早已長眠地下，可是他們那衰老而可憐的夫人，就在我們面前，要求申訴。這位老婦人從前也是位美麗少女，曾與丈夫有過幸福的生活。不過，現在她已失去了一切，變得貧困無靠。然而，享受著烈士們爭取來自由幸福的某些人，還要勒索她那一點微不足道的撫恤金，有良心嗎？她無依無靠，不得不向我們請求保護時，試問，我們能熟視無睹嗎？」

法庭裏充滿哭泣聲，法官的眼圈也發紅了，被告的良心也被喚醒，再也不矢口否認了。法庭最後通過了保護烈士遺孀不受勒索的判決。

沒有證據的官司很難打贏，然而林肯成功了，這應歸功於他的情緒煽動力和感染力感染，駕馭了聽眾及被告的心理，達到了理智與情緒的有機統一，收到了征服人心的效果。

說溫柔話

還記得那首歌嗎——《我很醜，可是我很溫柔》，是男生們唱的。可人們聽後卻總感到，男人們以此表達心聲似乎不太合適，讓人總覺得缺少陽剛之氣。不過，女人唱這歌，則是最合適不過了，因為沒有一個男人不喜歡女人的溫柔。

當然，在這裏，我們不是宣導女人們用自己的溫柔去搞不正當的關係，做不合法的事。我們要說的是女人的溫柔是處理好家庭和諧的法寶，是在社會上巧解為難之事的最好武器。

小瑜是一家大報的記者，事業心較強，經常要出去採訪，回到家中又忙碌著家務，和丈夫交流有所減少。

一天，小瑜沒出差，難得一家人都在一起度週末，兒子忽然問：「媽媽，怎麼你在家裏，林阿姨就不來玩了？」

「林阿姨是誰？」小瑜問丈夫。

「是我們公司剛來的大學生。」丈夫不好意思，臉有點紅。

小瑜沒有再追問，只是哄著兒子說：「下次我們請林阿姨來玩，好嗎？」

小瑜想想自己對丈夫如此信賴，可他竟……思前想後，心裏很難受。真想和丈夫大吵一頓，或者離婚算了。

過了一會，小瑜情緒冷靜多了，認識到自己經常在外，對兒子和丈夫照顧很不夠。何況自己並不能肯定丈夫和林的關係。如果不分青紅皂白地和丈夫鬧，倒顯得自己沒份量了。

晚上，她把孩子哄睡了之後，偎著丈夫靠在床上，輕軒地說：「我經常外出採訪，讓你一個人在家帶孩子，實在太難為你了。我不在時你肯定很寂寞，就像我孤零零一個人睡在旅館裏一樣。現在我靠在你身上才覺得好踏實，沒有你的支援，我的工作一天也做不好。」丈夫一聲不吭，憐愛地撫摸著小瑜的頭。

小瑜輕聲問：「我們週末一起請她來吃晚飯好嗎？」丈夫面有難色。「你還不放心我嗎，我不會讓你為難的，更不會為難她。」

週末，小瑜親自下廚。林來了，小瑜熱情地進行了款待。臨走時，小瑜特地讓丈夫看孩子，自己獨自一人把林送下樓，拉著她的手說：「怪我自己工作太認真了對周（小瑜的丈夫）缺乏照顧，謝謝你常來帶我們寶寶玩，也幫著照顧小周。看你這樣溫柔可愛，不知道哪個小伙子會有福氣娶到你。好了，不遠送你啦，有空歡迎你常來玩。」一席話讓林又是感激又是慚愧。

後來，林找了個帥氣的男友，他們與小瑜夫婦都成了好朋友。

正因為水的柔軟它才會濕潤經過的每個角落。這是解決是人際交往中顛撲不破的真理。

爭論中永遠沒有贏家

天底下只有一種能在爭論中獲勝的方式，那就是避免爭論。避免爭論，要像你避免響尾蛇和地震那樣。

十之八九，爭論的結果會使雙方比以前更相信自己絕對正確。你贏不了爭論。要是輸了，當然你就輸了；即使贏了，但實際上你還是輸了。為什麼？如果你的勝利，使對方的論點被攻擊得千瘡百孔，證明他一無是處，那又怎麼樣？你會覺得洋洋自得；但他呢？他會自慚形穢，你傷了他的自尊，他會怨恨你的勝利。而且——「一個人即使口服，但心裏並不服。」

有位愛爾蘭人名叫歐·哈里，他受的教育不多，可是真愛抬槓。他當過人家的汽車司機；後來因為推銷卡車並不成功而來求助於經理。經理聽了幾個簡單的問題，就發現他老是跟顧客爭辯。如果對方挑剔他的車子，他立刻會漲紅臉大聲強辯。歐·哈里承認，他在口頭上贏得了不少的辯論，但並沒能贏得顧客。他後來對經理說：「在走出人家的辦公室時我總是對自己說，我總算整了那混蛋一次。我的確整了他一次，可是我什麼都沒能賣給他。」

經理的第一個難題不在於怎樣教歐・哈里說話，經理著手要做的是訓練他如何自制，避免口角。

歐・哈里現在是紐約懷德汽車公司的明星推銷員。他是怎麼成功的？這是他的說法：「如果我現在走進顧客的辦公室，而對方說：『什麼？懷德卡車？不好！你要送我我都不要，我要的是何賽的卡車。』我會說：『老兄，何賽的貨色的確不錯，買他們的卡車絕錯不了，何賽的車是優良產品。』

「這樣他就無話可說了，沒有抬槓的餘地。如果他說何賽的車子最好，我說沒錯，他只有住嘴了。他總不能在我同意他的看法後，還說一下午的『何賽車子最好』。我們接著不再談何賽，而我就開始介紹懷德的優點。」

「當年若是聽到他那種話，我早就氣得臉一陣紅、一陣白了——我就會挑何賽的錯，而我越挑剔別的車子不好，對方就越說它好。爭辯越激烈，對方就越喜歡我競爭對手的產品。」

「現在回憶起來，真不知道過去是怎麼幹推銷的！以往我花了不少時間在抬槓上，現在我不爭論了，果然有效。」

正如班傑明・佛蘭克林所說的：

「如果你老是抬槓、反駁，也許偶爾能獲勝，但那只是空洞的勝利，因為你永遠得不到對方的好感。」

因此，你自己要衡量一下，你是寧願要一種字面上的、表面上的勝利，還是要別人對你的好感？

你可能有理，但要想在爭論中改變別人的主意，你一切都是徒勞。

威爾遜總統任內的財政部長威廉・麥肯羅以多年政治生涯獲得的經驗，說了一句話：**「靠辯論不可能使無知的人服氣。」**

「無知的人？」麥肯羅說得太保守太片面了，不論對方才智如何，都不可能靠辯論改變他的想法。

比方說，所得稅顧問派生為了一筆關鍵性的九千元跟一位政府的稅務員爭論了一個小時，派生解釋這九千元事實上是應收帳款中的呆帳，不可能收回來，所以不該收所得稅。「呆帳！大頭鬼！」稽核生氣了，「非徵不可。」

「那位稽核員非常冷酷、傲慢，而且頑固，」派生說，「任何事實和理由都沒有用……我們越爭執，他越頑固，所以，我決定不再同他論理，開始改變話題，說些使人愉快的話。」

「我說：『比起其他要你處理的重要而困難的事情，我想這實在是不足掛齒的小事。我也研究過稅務問題，但那是書上的死知識，你的知識全是來自實務工作的經驗。有時我真想有份像你這樣的工作，那樣我就會學到很多。』」我說得很認真。

「這下，稽核員伸直身子，靠在椅背上，花很多時間談論他的工作，他告訴我他發現過許多稅務上的鬼花樣。他的口氣慢慢友善起來。接著又談起他的孩子，臨告別的時候他說要再研究研究我的問題，過幾天會通知我結果的。」

「三天後，他打電話到我辦公室，通知我那筆稅決定不徵了。」

這位稅務稽核員表現了人性最常見的弱點，他要的是一種重要人物的感覺，派生越和他爭論，他越高聲強調職務上的權威，但一旦對方承認了他的權威，爭執自然偃旗息鼓了。有了表現自我的機會，他就變成一位有寬容態度和同情心的人了。

拿破崙的家務總管康斯坦在《拿破崙私生活拾遺》第一冊七十三頁曾寫到，他常和約瑟芬打撞球：「雖然我的技術不錯，我總是讓她贏，這樣她就非常高興。」

我們可從康斯坦的話裏得到一個教訓：讓我們的顧客、朋友、丈夫、妻子，在瑣碎的爭論上贏過我們。

釋迦說：「恨不消恨，端賴愛止。」爭強厲辯不能消除誤會，只能靠技巧、協調、寬容以及用同情的心腸去體諒別人的處境、想法。

林肯有一次斥責一位和同事發生激烈爭吵的青年軍官，他說：「任何決心有所成就的人，決不會在私人爭執上耗時間，爭執的後果，不是他所能承擔得起的。而後果包括發脾氣、失去自制。要在跟別人擁有相等權利的事物上，多讓步一點；而那些顯然是你對的事情，就讓得少一點。與其跟狗爭道，被它咬一口，不如讓它先走。因為，就算宰了它，也治不好你的咬傷。」

詰人勿過

俗話說：「打人不打臉，揭人不揭短。」《呻吟語》中說：「責人要含蓄。」意即在指責他人過失時，最好不要一次把心中想要說的話完全表達出來。這是從政治生涯中總結出來的名訓。《菜根譚》中也有「攻人之惡，毋太嚴」的教訓。

此外，《呻吟語》還具體地指出：「指責他人之過，需要稍作保留。不要直接地攻訐，最好採用委婉暗示的譬喻，使對方自然地領悟，切忌露骨直言。」又說：「即使是父子關係，有時挨了父親的罵，也會無法忍受而頂嘴，更何況是別人呢？」父子有血緣關係，無論如何不能割捨，但朋友就不是這樣了，過激的言辭很可能會斷送友誼。《韓非子》中說：「夫龍之為蟲也，柔可狎而騎，然其喉下有逆鱗徑盡，若人有嬰之者，則必殺人。人主亦有逆鱗，說者能無嬰人主之鱗則幾矣！」龍在溫馴的時候，人可以騎在它的背上，如果你摸它咽喉下直徑一尺左右逆生的鱗，它必定會吃掉你。人與人之間的相互攻擊，如果以對方有錯為藉口盛氣凌人地叱責對方，使對方感到無地自容，那麼你就應當小心了，因為對方總有一天會報這一箭之仇。因此，即使應該叱責對方時，也要為其留一點退路。

與人爭辯也一樣，以嚴密的辯論將對方駁倒固然令人高興，但也未必非將對方批駁得體無完膚才行。因為只要略想就可知道，這樣做其實是很愚蠢的，不但對自已毫無好處，甚至有時還會適得其反，得不到對方的認可，而且終究有一天會自食惡果，受到對方的攻擊。當我們和他人發生摩擦時，首先要瞭解他的想法，然後在顧及對方顏面的前提下，陳述自己的意見，給對方留有餘地。這一點在處理人際關係時必須記住。

中國人在識人方面，一向有獨到眼光，尤其是那些正人君子。所謂「君子之交絕不出惡聲」。即在這個世界上，與人親密地交往時，需誠意待人，縱使交惡斷絕往來，也不可口出惡言，說對方的不是。一個有修養的人，無論持何種理由，即使中斷來往，也不會口出惡言、誹謗對方。

先學處世，再做生意

空手打虎，要懂利用關係

創業需要資本，開工得有本錢。沒有錢，縱使諸葛在世，恐怕也枉然，更何況一介草民。的確，要創業，怎離得了「錢」呢？沒有錢，怎麼雇夥計，怎麼進原料，怎麼開拓市場，怎麼……

因為沒有錢，才想當老闆

真應了那句俗話：「一分錢難倒英雄漢」。果然沒有錢就創不了業，當不成老闆嗎？其實大謬也。想想看，當老闆的目的不是為了賺更多的錢，創更大的業嗎？如果現在手裏已經有了很多錢，那還用得著費勁巴拉地創業嗎？所以，沒有錢才當老闆，沒有事業才去創業。天下的事情就是這樣簡單，因為沒有才去做，做了就可能有了，因為不知道才去學，學了就可能明白了。

當自己企業不賺錢，沒有前景（錢景）恐怕不會光明燦爛。可這世界上還是照樣出了那麼多創業成功者，賺大錢者，他們同樣出身於「窮小子」階層，同樣曾經身無分文。看來，創業、賺錢這行當，絕對不像養母雞生蛋那麼簡單，但也不會太複雜。因為上述的成功人士都不是那種過於複雜的人。要想創業成功，學會「紮錢」和「用錢」是非常必要的。

一般而言，個人創業的第一步便是籌措創業所需要的資本，這對個人創業者來說是最難的。通常的資金來源有這樣幾種途徑：依靠個人積累，但有些創業者在有創業的欲望後，往往並沒有相應的資金做後盾，這時如果不能解決資本問題的話，恐怕只能等待創業計畫的落空了。另外的解決辦法恐怕是找親友借貸，如果親友可以借貸當然是最好的，但有的親友自己也沒有錢，即使有錢，他也不一定對你的創業計畫有興趣，不可能將錢投入到他沒有把握的地方。還有一個辦法是找銀行，但這個辦法實際上也困難重重，銀行首先讓你提供抵押，然後再提供擔保，當你把所有的手續辦妥時，機會可能已經錯過去了。

因此，個人創業時期的資金來源真是一個沉重的話題。但沒有資金卻能創業成功的人，卻大有人在。他們身無分文，卻能馳騁商海。這其中的秘密又是什麼呢？

在日本有一個依靠土地發家的富翁。

這個富翁名叫中山洋介，開始時，中山洋介和別人一樣，手中既無資金，也無技術。但他和別人不一樣的是，他有一股不服輸的志氣，當他跟別人說起準備經商時，大家都不相信。可他不但成了一個成功的商人，而且經營的還是資本額很大的房地產。

經營房地產，利潤很大，但是風險也很大，要有一大筆的資本做後盾，對於一般人而言，恐怕只能看別人賺錢了。但中山洋介沒有悲觀，他有白手起家的妙計。

中山洋介經過考察發現，在日本，土地十分寶貴，不少人想開工廠，但資金連土地都買不起，更談不上建築廠房了。與此相反，許多土地卻還在閒置。如果不買土地，只租用土地，那些企業主就可以負擔得起，而且肯定能受到歡迎。

有了這樣一個構思。中山洋介立即行動起來。他首先打聽那些閒置的土地。這些土地往往比較偏僻，多是賣不出去的。他與這些土地的所有者商談，提出改造利用土地的計畫，土地所有者正為這些土地沒有買主著急，現在有一個開發的方法，真是雪中送炭。他們紛紛願意出讓土地，有的甚至還拿出一定的資金充做股份。

有了土地，中山洋介組建洋介土地開發公司，組織人員上門推銷土地，這些工廠老闆正為沒有資金興建工廠著急，現在看到可以不用巨額資金，又有土地可以出租，當然十分高興，於是乎上門和中山洋介簽約的工廠老闆絡繹不絕。

中山洋介的做法是，從租用廠房者收取租金後，扣除代辦費用和廠房分攤償還金，所剩的錢歸土地所有者。廠房租金和土地租金之間的差額，除去修建廠房的費用，便是中山洋介的盈利。

企業主、土地所以者、中山洋介三方達成協議後，中山洋介就向銀行貸款、建房，然後按分期還款的方式歸還銀行的費用。

中山洋介實際上產生了仲介的作用。以他為中心，將土地所有者和工廠老闆連結起來。一開始，這一創意就很吸引人。那些偏僻的土地有了用處，而工廠老闆可以減去積累資金的時間。中山洋介第一年僅手續費用就收入了二十億日元，有了這筆錢後，就不用再向銀行貸款了。就這樣，中山洋介從營造小廠房到建築大廠房，再到營建更大規模的工業區，他的公司像滾雪球似的越滾越大，公司的經營也不再只限於租用土地。白手起家的中山洋介，終於成為日本數一數二的大企業家。

看完上面的成功典範，很多人羨慕他們機會好：你看，追根究底不就是當個仲介嗎？就那麼走運地發達了。其實他們是真正不簡單的人，他們在沒有創業資金的情況下，硬是憑自己的頭腦，找到了問題的關鍵，將買與賣成功地連結起來。一般人是發現市場供需，他們卻是創造市場供需，有這樣的頭腦能不發嗎？——哪怕是空手，也能套得住狼。

尋找巨人的肩膀

光靠白手起家，的確很艱難，而且成功的人也為數不多。但有商業頭腦的人往往善借他人之利。

老闆眾生相

不同的人有不同的性格、愛好，所以與不同性格、愛好的老闆交往時，倘能明白對方屬於何種類型，交涉相處起來就比較容易了。現列舉五種常見類型供老闆們參考。

■傲慢無禮的老闆。

在商業交往中，常會遇到一些自視甚高、目中無人的老闆，他們或是大公司的代理人，一向瞧不起小公司；或是性格孤傲，一副「唯我獨尊」的樣子；或是故作深沉、爭取主動的小老闆。他們舉止無禮、詞鋒銳利、態度傲慢。這種老闆實在讓人一看就生氣，是最不受歡迎的典型，但是，當你不得不與他接觸時，你要如何對付他呢？

對付這一類型的老闆，一定要不卑不亢。說話應該簡潔有力，最好少跟他囉嗦，所謂「多說無益」，最好在不得罪他的情況下，言詞盡可能「簡省」。要儘量小心，以免掉進他的圈套裏。

■深藏不露的老闆。

生意交涉中，常遇到一些深藏不露的老闆，他們不肯輕易讓人瞭解其心思，或知道他們在想什麼，有時甚至說話不著邊際，一談到正題就「顧左右而言他」。這種老闆多半是防衛意識太強，一般不願將自己的弱點暴露出來。即使在你要求他說出答案或提出判斷時，他也故意裝成什麼也不懂，或者故意詞不達意，閃爍其詞，使你有一種「莫測高深」的感覺。

面對這種深藏不露的老闆時，你自己不必著急，不必多問他的情況，更不必急於把自己的情況和盤托出，你只需把自己預先準備好的資料拿給他看（當然，這資料的關鍵部分自己應當保留），讓他根據你提供的資料，作出最後決斷。他藏得再深，也需要你。

■草率決斷的老闆。

這種類型的老闆，乍看起來很爽快。他常常在交涉進行至高潮時，忽然作出決斷，予人「迅雷不及掩耳」的感覺。這種老闆有些是急性子，沒有耐心聽完別人的談話，就「斷章取義」，草率的作出決斷；有些則是為了表現自己說話算數、果斷，而自以為是的草率決斷。

同這樣的老闆打交道，就應當按部就班慢慢來，你最好把談話分成若干段，說完一部分之後，馬上徵求他的意見，沒有問題再繼續交涉。如此方能少發生錯誤，避免不必要的麻煩，免受更大的經濟損失。

■頑固不化的老闆。

固執己見、頑固不化的老闆是很難對付的。因為無論你說什麼，他都聽不進去，只一味的堅持自己的意見，死硬到底。跟此種頑固老闆打交道，最累人也最易浪費時間，結果往往還徒勞無功。因此，與這種老闆交涉，千萬要記住兩點：一是談話適可而止，且不可多說、久說，否則既費時又費力；二是話語要簡短有力，最好是能打動甚至震撼他的事或話語。

■毫無表情的老闆。

人的心態和情感，常常會透過面部表情等各種體態語言表現出來，在交際時，很多人靠此作為判斷情況的工具。然而，有些人卻是毫無表情可言的，也就是說，他的喜怒皆不形於色。這種人若非過分深沉，就是呆板有餘。與這種老闆交往，就要特別注意。有時是他對你的淡話不感興趣，有時是他正在內心思索。

因此，同這種老闆打交道，首先要談一些敏感、刺激的東西，挑動他的興趣。同時，最好的辦法是特別注意他的眼睛和下巴。常言道：「眼睛是心靈的窗戶」，觀其眸子，便可知其心思。同時，長時間注視他的眼睛和下巴，也會讓一些人很不自在。於是，他就會主動談相關的事，把你的注意力引開，此所謂交際中的「圍魏救趙」。

如何與大老闆交往

■掌握實力的關係。

大公司的老闆或知名老闆是很難與一般老闆會面的，但是，若能與他們合作或與他們交上朋友那真是很榮幸也是很珍貴，因為從他們那裏你會大開眼界，學到許多你平常學不到的東西。

要與大老闆交往，最基礎的工作就是要掌握大老闆實力關係。

大老闆也是人，不是神，他有各種社會關係，有各種各樣的業務，也有各種各樣的喜好、性格特徵。特別是現代媒體，經常關注一些大老闆的情況，從中你定會瞭解大老闆的一、二。

人都有各種各樣的社會關係，大老闆亦如此。你可以從他的歷史上認識他，他的過去、他的經歷、他的祖輩、父輩，也可以從他的親屬、他的朋友、他的子女等等那兒認識瞭解他。

從業務上瞭解大老闆也是一條好途徑。他經營的範圍主要有哪些？次要有哪些？他的分公司、子公司分佈在什麼地方？這些公司的經營者是誰？他多長時間會查看分公司、子公司？等等。

從興趣愛好上瞭解大老闆。他喜好什麼運動、什麼物品、什麼性格的人？他喜歡或經常參加什麼聚會，他休閒、娛樂的方式有哪些？到什麼地方等等。

總之，要結交一個大老闆又沒有機會的時候，你不妨從以上幾方面去瞭解，總會發現一些機會的。

■製造初次見面的氣氛。

當你發現或創造了與大老闆見面的機會後，最重要的便是如何製造一種特殊的會面氣氛。因為，你本身只是芸芸眾生中的一員，說不定連話都跟大老闆說不上。

在選擇位置上，一定要選擇一個與大老闆盡可能近的位置，以便他能發現你，並且一有機會便可搭上關係。

同時，要以穿著表現自己的個性，因為與人第一次交往，別人往往是從服飾上得來第一印象。著裝要表現個性、特色，使人一目了然。

要針對大老闆關注的事予以刺激，要儘快發現對方關心注意何事，找到適當的話題，抓住對方的注意力，刺激對方對自己的興趣，話語要力求簡潔、有獨創性，使對方產生震撼，留下較為深刻的第一印象。

■贏得大老闆青睞的方法。

適當展示自己的能力是贏得大老闆青睞的重要方法。大老闆一般都喜才、愛才，如果你一貫表現出對他意見的贊同，不敢表現自己獨特的見解，他會反感你的。因此，適當表現自己的獨特才幹，是會受大老闆喜愛的。當然，你不能表現得太過於鋒芒畢露，讓人一見就覺得有喧賓奪主之感。

別出心裁送贈品是聯繫大老闆情感的重要方式。這要針對大老闆的具體情況，不能千篇一律，不能委託他人。不一定昂貴就是好禮品，要贈送，就要送他特別喜愛的禮物才是。同時在贈選方式上也要別出心裁，從包裝樣式、贈送儀式都要顯得別具一格。有時，你不妨請他的太太代理，效果或許會特別好。

寫信是交流思想、聯繫感情的好方式。隨著電訊事業的發展，電腦技術的開發，很多人的聯繫方式都是透過電話、傳呼、電腦等，很少再看見以書信方式交流了。其實，人人都希望有一位朋友悄悄跟自己說話，書信便是最好的方式。在書信裏你不必有過多顧慮，敞開心扉與之交流吧！也許，你只花幾分鐘，相當於同他交流幾小時呢！因為，信給人想像的空間很大很大。當然要注意，寫信的字不能太潦草，也不能用印刷品，讓人覺得很不真誠。

當你把以上的內容都做好做足了，那麼你的「關係」網就很結實了，「東風」自然招之即到。

道高一尺，魔高一丈

創業，這個詞本身就意味著打破常規，開創一條新路，所以，循規蹈矩就不會創業。傑出軍事家、戰略家孫子說：大凡作戰，一般都以正兵當敵，以奇兵取勝，所以善出奇兵制勝的將軍，其戰法像天地那樣變化無窮，像江河那樣奔騰不竭。做生意猶如打仗，按常規辦事，只能窮於應付，要想勝人一籌、棋高一著，必須打破常規，想常人之未想，行常人之未行，便可如奇兵突發，獨佔鰲頭。這裏，創業的點子就是打破思維定勢，採取發散思維，善用經營智慧，常常會手到擒來，穩操勝券。

旁敲側擊，乘虛而入。「你打你的，我打我的」。雖然不明下戰書，卻已調兵遣將，攻城拔寨，令對手防不勝防。二十世紀三〇年代，美國街頭五美分一個、包裝精美獨特、內盛六・五盎司的可口可樂「魔瓶」風靡美國軟飲料市場。一九三九年，百事可樂抓住可口可樂瓶子含量太小，只夠中老年人一次飲用的弱點，及時推出了只花五美分就能得到十二・二盎司的百事可樂飲料，同時配以「一樣代價，雙重享受」的廣告，深受占消費者總數三分之一的青年人的青睞，銷售量節節攀升，可口可樂的銷量則明顯下跌。

過去，美國為了限制進口，保護本國的工業利益，規定凡向美國出口的商品，「美國製造的零件所含的價值，必須占這一商品總價值的五〇％以上」。對此，日本馬上規定：生產一種具有二十種零件的商品，他們在本國生產十九件，缺少的那一件在美國市場上購買最貴的，然後運回本國組裝，再運到美國銷售。這樣一方面最大限度利用了本國的零件和勞動力，而又不違背美國的限制，乘虛而入，無懈可擊。

如果你能巧妙地運用逆向思維，那就會感到成功離你更近一些。

一所學校，每年都要舉行一次智力競賽。這一年，智力競賽又拉開了序幕。報名參加比賽的有幾百名學生，競爭非常激烈。終於，百裏挑一，全校選出了六名最聰明的學生，大家都等著看哪一位能獲得第一名。

校長把參加決賽的六名選手帶進了教學樓第一層，指著六間教室，又指指大門，說：「我現在把你們分別關在六間教室裏，門外有人把守。我看你們誰有辦法，只說一句話，就能讓門外的警衛把你放出來。不過有兩個條件：不准硬闖出門，這是其一；其二，即便放出來，也不能讓警衛跟著你。」校長說完，微微一笑：「好了，孩子們，請吧！」

六位學生各自走進了一間教室，思考著如何用一句話，就能讓警衛叔叔放自己走出大門。然而，三個小時過去了，卻沒有一個人發出聲響。正在這時，有個學生很慚愧地低聲對警衛說：「警衛叔叔，這場比賽太難了，我不想參加這場競賽了，請您讓我出去吧！」警衛聽了，打開了房門，讓他走了出來。看著這個臨陣退縮的小傢伙垂頭喪氣地走出了大門，警衛惋惜地搖搖頭。

然而走出大門的小傢伙隨即又回來了，他走到大廳裏，對校長說：「校長，您看，按您的要求，我辦到了！」校長伸出手一把抱起了這個孩子，高興地說：「孩子，你是這次競賽的勝出者！你是最最聰明的！」

此例中的主人翁運用了逆向思維，以退為進，很輕鬆地贏得了「最最聰明的孩子」的稱號。

在一條街道上，同時住著三家裁縫，手藝都不錯。可是，因為住得太近了，生意上的競爭非常激烈。為了搶生意，他們都想掛出有吸引力的招牌來招徠客戶。

一天，一個裁縫在他的門前掛出一塊招牌，上面寫著這樣一句話：這裡有個本城最好的裁縫！

另一個裁縫看到了這塊招牌，連忙也寫了一塊招牌，第二天也掛了出來，招牌上寫的是：這裡有個全國最好的裁縫！

第三個裁縫眼看著兩位同行相繼掛出了這麼大氣的廣告招牌，搶了大部分的生意，心裏很是著急。這位裁縫為了招牌的事開始茶飯不思，「一個說本城最好的裁縫，另一個說全國最好的裁縫，他們都大到這份上了，我能說世界最好的裁縫？這是不是有點兒太虛假了？」這時放學的兒子回來了，問明父親發愁的原因後，告訴父親不妨寫上這樣幾個字。第三天，第三個裁縫掛出了他的招牌，果然，這個裁縫從此生意興隆。招牌上寫的是什麼呢？原來第三塊招牌上寫的口氣與前兩者相比很小很小：這裡有個這條街上最好的裁縫！

「這條街」最好，那就是這三家中最好的。你看，聰明的第三家裁縫沒有再向大處誇自己的小店，而是運用了逆向思維，在選用廣告詞時選了在地域上比全國、全城要小得多的「這條街」一詞。這個小小的「本街」卻蓋過了大大的「全城」乃至「全國」。

「狡猾」和耐心

大家都知道克羅用二百七十萬美元從麥當勞兄弟手中買下了麥當勞，但他是怎樣實現自己的創業目的，卻鮮為人知。其實，麥當勞兄弟倆當時已經有些迫不得已了。

克羅原是一個一文不值的窮小子，由於家中太窮，中學沒畢業便不得不出來打工賺錢。經過幾年的闖蕩，克羅在一家工廠做了推銷員，收入已不算低了，但他卻認為，這樣做下去，真的很難出人頭地，所以，他一心想找機會自己出來創業。

在一次朋友家庭宴會上，他很偶然地與麥當勞兄弟二人相識了，並透過他們瞭解到了許多有關速食的情況。早就是「有心人」的克羅展開了一番調查，認為速食業大有可為，只是有必要對美國的速食業進行改造，組成一個實力雄厚的大型速食托拉斯。克羅很快制訂了切實可行的創業計畫，雄心勃勃地準備大幹一場，但是，一貧如洗的他哪裡有資本來實現自己的理想呢？這時，克羅突然想到他結識不久的麥當勞兄弟，可事業已初具規模的麥當勞兄弟會讓克羅放手一幹嗎？

聰明的克羅巧妙地玩了一齣「曲線救國」的把戲，他主動找到麥當勞兄弟，提出要在其速食店裏打工，但是只做兼職，為了說服麥當勞兄弟同意，克羅提出可以把自己做推銷員工作的五%的薪水給麥當勞兄弟。稍微有點惟利是圖的麥當勞兄弟認為這是一筆好交易，便欣然答應了。可是，他們萬萬沒有想到，未來的對手已經開始利用他們的資金等基礎為自己創業了。

為了贏得老闆的信任，克羅工作特別勤奮，經營妙策層出不窮，他多次向老闆提出改進經營方法，營造輕鬆環境，並提出特製套餐、輕便包裝、送飯上門等措施。他還建議在飯店裏裝上音響，使顧客更加舒適，同時大力改善食品衛生，嚴格挑選服務員。

克羅的每一次改革和創新，都得到了大老闆——麥當勞兄弟的同意，更重要的是，取得了良好的經濟效益和社會效益。麥當勞速食店的招牌在美國越來越響了，分店越開越多，生意越做越好。由於克羅的經營方針正確，奇招妙計層出不窮，漸漸在速食店的地位重要性超過了老闆，架空了麥當勞兄弟。眼見時機日趨成熟，克羅暗中秘籌了大量資金，準備向麥當勞兄弟攤牌了。

這是一九六一年的一個晚上，克羅向麥當勞兄弟展開了必勝的正面進攻。這場談判是相當艱苦的，剛開始，克羅提出了極為苛刻的條件，麥當勞兄弟見自己最信任的幹將居然倒戈，自己被人玩弄於掌股之上而不自知，也是大發其火，拒絕讓步。

這時，非常瞭解麥當勞的克羅卻讓了一大步，把價格一下子提到了二百七十萬美元的現金。麥當勞兄弟的心理承受線徹底垮了，他們雖然也有些捨不得自己創下的店，卻又無法拒絕這個實在誘人的價格，最終，還是收下了這筆現金，同意由克羅獨自經營。第二天，老闆便被雇員炒了魷魚。

做了總裁的克羅，立即著手改革，全面貫徹自己的經營思想，並迅速擴大到整個美國，在很短的時間裏便賺回了二百七十萬美元，讓麥當勞兄弟懊悔不已。二十年後，其總資產已達四十多億美元，連鎖店遍及全世界。

克羅的成功，把借雞生蛋之策演繹得完美無缺，明眼人都明白，克羅初到麥當勞兄弟的速食店，絕不是為了兼職打工，多賺幾個錢而已。克羅是因為認定速食業有發展前途，準備投資這一領域，才會投奔麥當勞兄弟的，否則，毫無實戰經驗（僅指速食業）的克羅自己從頭做起，必定會冒極大的投資風險的。

在速食店工作的六年中，克羅多次改革的風險都是麥當勞兄弟替他擔當，受益最多的，卻是克羅自己。

最後的談判之所以能夠成功，也是因為六年以來，克羅對麥當勞兄弟已瞭若指掌，他充分利用了對方的心理弱點進行攻擊，自然是一戰而勝之。

克羅的狡猾讓他進入了麥當勞，又讓他得到了麥當勞的實權，他步步為營，穩紮穩打，終於一統麥當勞天下。

讓「上帝」毫不猶豫地信賴你

你要經常地和你的客戶溝通，而不是只是閱讀你的部下為你提供的關於客戶服務的分析報告，那些文字並不能給你帶來真正的利益，久而久之，你就會發現，真正的客戶並不像你的部下在分析報告裏寫的那樣。這時，恐怕已經為時已晚，因為你只是高高在上，你的客戶一個一個地從你的公司名單中走到了你競爭對手的客戶名單那裏。

當然，你部下所寫的客戶分析報告你也要讀，但是，要想使那些文字真正鮮活起來，你只有跟你的客戶經常性地溝通，這樣，也能使你的部下所寫的分析報告充滿生命力，使你們對於客戶的觀點和看法更加趨於一致。更為重要的是，你的身體力行給你的部下樹立一種榜樣，一種示範效應：要爭取到生意中重要的客戶，確保服務品質是重要的，經常與客戶溝通也是重要的。

現代社會的發展理論以及現代管理理論的發展都告訴我們，尊重人、尊重人性，永遠以人為本是社會發展的不可逆轉的潮流和大趨勢。所以，你不僅要學會與客戶成為生意場上的夥伴，更應學會彼此之間的交流與溝通，讓客戶覺得你是一個有人情味的人，你值得信賴。你用你的人格魅力使你的客戶受到感染，這樣，你的客戶才會更加地牢靠，你的事業才會發展更快，你的公司才會做大。

那麼，如何與你的客戶溝通呢？

人與人的溝通是一門學問。與人溝通的方式也是多種多樣的。善於溝通的人，用不了幾個小時就能和一個陌生人打得火熱，而一個不善於與人溝通的人，可能需要幾個月也不能和自己的目標建立起關係。善於溝通的人，一個微笑，一個眼神，就能使目標對象有一種一見如故的感覺。

就具體的溝通方式而言，儘管沒有一定的模式，但下面的這些方法是你必須或者可能要採用的：

- 選擇恰當的時間去面見你的客戶，不要使你們彼此只是抽象的文字概念。
- 常和客戶聊天、度假，一起去消費。
- 召開比較正規的電話會議，討論你所提供的產品或服務，虛心聽取客戶的意見。

- 經常保持電話聯絡，每逢節假日或有什麼喜慶的事情，都要打電話表示祝賀。
- 發放調查表，定期開展調查。
- 邀請客戶參觀你的公司，察看你們的日常工作。
- 與你的客戶共同制定研究計畫，幫助你的公司提高服務品質。
- 利用節日，邀請你的重要客戶參加聯誼活動。
- 向重要的客戶饋贈禮物。

總之，你對你的客戶，最好什麼也不要隱瞞。你隱瞞的越多，他們的疑心也就越重，這種彼此之間的不信任會使你丟掉你的生意。要知道，你的客戶中沒有幾個不是聰明人，如果不是聰明人恐怕也不會和你做生意。所以，老闆對待客戶的態度反映了他們自己的人生態度和自己的偏見。那些精明的老闆會在他們每天的工作中表現出一種觀點：最擅長與客戶打交道的人，最善於和客戶溝通，彼此交換想法和觀點，這樣的老闆才最善於促成一筆筆生意。**好的老闆，往往是能和客戶打成一片，甚至包括了客戶中最不起眼的跟班。**

作為一個經營者，一個創業者，你千萬要記住：做生意絕不僅僅是銷售出你的產品，而是要把顧客的需要當做自己的第一需要，用內在的品質精確地滿足顧客的要求。這是一個過程，更是一種提升，是顧客購買和產品供應過程中的關係的加深，它展現了你們彼此間的信任與依賴。所以，真誠地與客戶溝通是你工作的首要原則。

當然，與客戶溝通，與顧客交朋友，並不意味著你要將自己公司的商業秘密都要洩漏給你的顧客。這一點，相信大多數老闆都可以做到，但是在某些特定的場合和時間裏，他有可能就把維護自己的利益這一點忘記了。所以，與顧客交朋友，與客戶溝通，這個原則也必須堅守的。

除此之外，在與客戶溝通的時候，還要注意以下問題：

- 儘量繞開一些諸如產品的最低生產成本之類的敏感話題。
- 不要輕易向顧客承諾。
- 不要貪杯，以防酒後失態，特別要提防酒後吐真言。
- 謹防對方的「美人計」。
- 簽字的時候要仔細閱讀合同的條款，不要在這些細節問題上釀成大禍，這與你和顧客之間的友情無關。

- 重要的決定一定要自己做。
- 不要輕易吐露自己的隱私。
- 不要讓顧客覺得你總是在誇誇其談。
- 溝通的時候儘量避免一些不良的習慣和舉止。

與客戶溝通的本領大小，直接反映了一位創業者、經營者的交際本領和人格。如果在這一方面你還不是一個高手，你可以找一個這方面的專門人才對你進行指導，幫助你做好這項工作。

不管怎樣，你一定要使你的顧客覺得，你一直是真誠的，萬不可敷衍了事，這會使你受益匪淺。

熙熙攘攘，皆為「誠」來

誠招天下客，吃虧才能賺便宜。用自己對客戶的誠心誠意，換取客戶的信任。表面上看似有些吃虧，但長遠來看，你贏得了顧客的信任，就贏得了以後的利潤。據調查研究統計，顧客群中，老客戶占絕大多數，而且六〇%的新客戶是老客戶帶來的。也就賺了便宜。

世界化學工業，歷來由美國、聯邦德國等工業國家稱雄。但到二十世紀八〇年代，它的前五十名企業家的排名單上，第一次出現了華人企業家的名字：臺灣塑膠集團董事長王永慶。然而很少有人知道，五十年前，王永慶還是一個米店的小伙計。

那時，他每天的工作很簡單，就是給顧客送米。鄰居也是一家米店，而且是日本人開的。如何同日本人比高低呢？米都是一樣的，送米的人卻不同。小王想：顧客的米缸往往都有舊的米，新米再倒進去，舊米就更舊了。於是，他就想出了一個

「出陳入新」的方法，每次送米時一定先把米缸裏剩餘的舊米倒出來，把缸清理乾淨，再倒進新米，最後把舊米放在上層。

這一出一進，只是一個小小的改進，卻出乎意料受到了顧客的歡迎，米店興旺起來了，壓倒了日本人的米店。

王永慶這一做法就是以誠待客。正因為他以誠待客，才能擊敗日本人，取得成功。

那麼，怎樣才能做到以誠待客呢？

那就是：**處處要為顧客著想，寧願自己吃虧也心甘情願。**

一家水果批發公司到外地與果農洽談生意，他們提的價格適中，條件優厚，但就是談不成功。原來，前幾年也有人來談水果買賣，當時說得天花亂墜，等到貨一到手就全變卦了。果農害怕再上當受騙，就不再輕易地相信別人。

幾天後，恰巧刮了一場大風，一些尚未成熟的水果被風刮掉在地上。有些果農提出，讓水果公司收購這些落地水果。果農以為這種眼見吃虧的事對方肯定不幹的。可是那家公司的負責人卻願以優惠價格全部購進，去做蜜餞和罐頭，並當場付現款。此舉立刻贏得了果農的信任，紛紛與這家公司簽訂合同，願以最低價格優先保證對方需要。寧願自己吃虧，結果贏得了對方的信任，這家公司得到了優先保證。

誠信是商家百年基業土的一塊巨石，沒有它，就沒有安穩和進步，暫時的「吃虧」換來的是永久的信任和名譽。

見縫插針，以智為先

世界競爭非常激烈，很多人常常說，人家大公司已經壟斷了市場，我們沒有機會與他們競爭，於是就失去了自己幹一番事業的信心。這種思想其實是沒有開發自己的智慧，只要你多進行市場調查，就能夠發現市場始終有一些大公司忽視的空缺，抓住這種空缺就會在大公司的夾縫中發展起來，走向成功。

明尼唐克是排居在很多大公司之後的小型肥皂製造企業，由於是後起無名小輩，不敢與其他大公司發生正面競爭，因為那樣無異於是以卵擊石。透過仔細思考，公司決定採取側面出擊、出奇不意的策略，不去踩別人的腳步，而是另闢新徑，獨出心裁，推陳出新。

一九七九年該公司推出了一種空前絕後的液體肥皂，這種產品悄然上市後，立即引起消費者的強烈反響，得到大批用戶的認可。這種「液體肥皂」的上市，很快衝擊了當時名望高、規模大的棕欖、樂威、寶鹼等知名公司，使他們大為震驚。

因為「液體肥皂」的上市搶走了他們生產的塊狀肥皂的大塊市場，明尼唐克公司用智慧贏得了空前的成功。

可見，智慧運用得當，不管現狀怎樣，都會給自己開拓出廣闊的生存空間。「智慧」在生存現狀裏尤為重要。忽視它，就等於忽視自己的生命。如果明尼唐克公司不肯動腦子，依然按別人走過的路如影隨形，可能不會有自己的出路，只能跟在那些大公司後面吃些殘羹而已。

我們任何一位生存在這個世界上的人，都得具備開發智慧的意識，有勇於超越的魄力，只有這樣，才會營造出屬於自己的生存空間。

隨著社會發展日新月異，生存競爭也日趨激烈，只停留在先人留下的積累中細吃慢品，總有一天會坐吃山空。

自己不動腦筋，看到別人在某一方面收益甚好，就如影隨形，跟著學，往往會導致失敗。

唐裝，是春節前後最流行的服裝之一，而且有很多服裝企業在唐裝上收益頗豐，同樣也有很多的服裝企業面對市場悔之莫及，望洋興嘆，為什麼呢？就是沒有運用智慧。在APEC元首會上，各國元首每人一件唐裝著身時，一些敏銳的商家就發現了商機，立馬行動。而有些商家看到後還坐在西裝牛仔褲上傻笑呢！待到一些服裝企業的唐裝上市熱火朝天時，一些錯失商機的企業主才如夢方醒，亦步亦趨地仿效。但在春節後，有些聰明的企業就停止了唐裝的生產，而那些後來者蜂擁而上，後果可想而知。時機的把握和智商的敏銳性在商業領域的激烈競爭中由此可見一般。

決策應該以思考為基礎，思考的過程就該有智慧的協助。那麼智慧是什麼組成的呢？智慧要從知識的獲取、經驗的積累著手，不間斷地跟上時代的腳步，這樣，思考後的決策才會有成功的可能。

另外，還得有超前的預知能力，總跟著別人的成功腳步去拾甘蔗渣咀嚼是沒有味道的。獨創的東西才有發展的空間。怎樣使獨創的東西從成熟、成功到發展壯大呢？同樣，這需要智慧，每一個事業的醞釀成熟到實施成功，都需要有準確的判斷能力、分析能力和預測能力。還要有對突發意外事件的應變能力，等等。綜合這些能力的惟一手段，就是要擁有智慧。也就是說，擁有了智慧，一切事業和成功路上的阻力都可能隨之排除。

先苦後甜，妙用讓步策略

經商活動中所謂先苦後甜，就是利用苛刻的條件使對方感到難以忍受，然後，再逐漸止步，給對方一些甜頭。這樣，經過由「苦」到「甜」的比較，即使甜頭不大，也往往能使對方感到滿意。

飛機晚點，最先預報晚一個小時，等一會兒又預告只晚半小時，最後只晚二十分鐘。飛機到達時旅客都非常高興，不僅沒有抱怨，而且讚揚這家航空公司能為旅客著想，儘量提前到達。

為什麼如此呢？因為人們通常有這樣一種心理狀態：如果原來認為很難的問題，後來較容易地解決了，心裏就會覺得異常高興；反過來，如果原來認為較容易，後來卻出乎意料的難，這時就會令人垂頭喪氣，覺得不痛快。

「先苦後甜」的策略，正是利用了人們的這種心理特點。這一策略在競爭中常常十分奏效。這種商業談判中經常運用的策略，基於同一事物的價值，在具體運用上因人而異。

談判中運用先苦後甜策略的具體方式很多，例如給談判對手提供美好的、令人難忘的款待，恰到好處地略施小恩小惠，贈送適當的禮品，陪同談判對手觀光旅遊等等，都可以視對方的興趣愛好而採用。

有家公司想買另一家公司的材料，買方想要賣方在價格上給些折扣，但又估計自己如果不在數量上做相應讓步，對方恐怕難以接受這個要求。於是，他運用了「先苦後甜」的策略。在談判中，除價格外，他還同時在其他幾個方面，如運輸條件、支付條件、交貨期限等，提出較為苛刻的條款，作為洽談的藍本。在針對這些條款的討價還價中，他有意讓賣方意識到，在幾項交易條件上，他都讓步。這樣，在賣方感到滿意的情況下，他提出價格折扣問題，結果沒費多少口舌，這買賣就做成了。這裏，賣方之所以能夠接受買方的價格折扣要求，是因為賣方在價格上作讓步之前，已經從買方那裏占了不少便宜。

當然，這一策略的運用要適當，否則，「苦」得沒分寸，對方就會覺得你缺乏誠意，就會中斷或者退出商貿活動，進而導致合作的失敗。這是在使用這一策略時應特別注意的。

成功講座 390

心計

海鴿文化出版圖書有限公司
Seadove Publishing Company Ltd.

作者　李冰
美術構成　騾賴耙工作室
封面設計　九角設計工作室
發行人　羅清維
企劃執行　林義傑、張緯倫
責任行政　陳淑貞

出版　海鴿文化出版圖書有限公司
出版登記　行政院新聞局局版北市業字第780號
發行部　台北市信義區林口街54-4號1樓
電話　02-27273008
傳真　02-27270603
E-mail　seadove.book@msa.hinet.net

總經銷　創智文化有限公司
住址　新北市土城區忠承路89號6樓
電話　02-22683489
傳真　02-22696560
網址　www.booknews.com.tw

香港總經銷　和平圖書有限公司
住址　香港柴灣嘉業街12號百樂門大廈17樓
電話　（852）2804-6687
傳真　（852）2804-6409

CVS總代理　美璟文化有限公司
電話　02-2723-9968
E-mail　net@uth.com.tw

出版日期　2023年02月01日　四版一刷
　　　　　2023年09月20日　四版五刷

定價　250元
郵政劃撥　18989626　戶名：海鴿文化出版圖書有限公司

國家圖書館出版品預行編目（CIP）資料

心計／李冰作.-- 四版. -- 臺北市 ： 海鴿文化，2023.02
面 ； 公分. --（成功講座；390）
ISBN 978-986-392-477-7（平裝）

1. 成功法　2. 生活指導

177.2　　111022209